HEINZ ERHARDT
Mein Leben

HEINZ ERHARDT
MEIN LEBEN

Autobiografische Texte von Heinz Erhardt,
gesammelt und mit Gedichten zusammengestellt,
kommentiert und eingeordnet von seinen Töchtern
Verena Haacker und Marita Malicke

*Des Menschen Leben
gleicht der Brille:
Man macht viel durch!*

LAPPAN

VORWORT

Wir haben alles zusammengetragen, was wir in Heinz Erhardts Tagebüchern, seinen Briefen und in den 19 großen Familienalben gefunden haben.
Vieles ist noch nie veröffentlicht worden. Was nicht vollständig war, haben wir mit bestem Wissen und Gewissen aus der Erinnerung an ihn ergänzt.
„Ich war eine früh entwickelte Spätausgabe" hat er den Anfang seiner Autobiografie genannt, die er leider nicht zu Ende schreiben konnte.
Deshalb haben wir es getan.

Verena Haacker und Marita Malicke

„Sie ahnen nicht, wie glücklich es mich macht, Leute lachen zu lassen. Ich glaube, Komiker und Clowns haben die schönste Aufgabe im Leben."

Heinz Erhardt

INHALT

Riga, 20. Februar 1909 – Meine Geburt fand im Saale statt 10

Herbst 1916 – Mit der Mutter in Petrograd 14

Frühjahr 1919 – Mit dem Vater in Deutschland 16

Riga 1924 – Ich war ein Pausenschüler 16

1926 – In Leipzig fing das Dichten an 20

Riga 1928 bis 1938 – Musikalienhändler und Unterhaltungskünstler 21

Gilda Zanetti – Ich lernte sie nicht im Suff, sondern im Fahrstuhl kennen 26

1938 machte ich mich auf den Weg – Im Köfferchen meinen Schlafanzug und meinen Grips 29

1941 – Ich zog aus, denn man zog mich ein 38

1945 – Der Mann auf dem Pappkarton 52

1945 – Neubeginn in Hamburg beim Radio 61

1948 – Umzug nach Wellingsbüttel 63

1955 – Im zarten Alter von 46 entdeckte mich der Film 80

    1957 – Der müde Theodor 83

    1957 – Witwer mit 5 Töchtern 84

    1958 – Vater, Mutter und 9 Kinder 87

    1958 – Immer die Radfahrer 89

    1958 – So ein Millionär hat's schwer 91

    1959 – Der Haustyrann 91

1959 – Natürlich die Autofahrer...93
1959 – Drillinge an Bord...96

Ende der 50er-Jahre – Es ist leichter, den Mund zu halten als eine Rede...98

1960 – Bei Erhardt muss man lachen...102
Liebe Schall- und Plattenfreunde!...106

Heinz Erhardt und das Fernsehen...108

1961 – Tellerminen des Humors...112

1962 – Wortwitzler der Bretter...117
Medizin gegen Lampenfieber...120

1963 – Humor ist eine ernste Sache...122

Heinz Erhardt als Werbeträger...130

1964 – Ja, ja, das Lampenfieber...132

1965 – Auftritt in Gips...137
1965 – Der Ölprinz...140

Bestseller – Es ist sagenhaft!...148

1969 – Ein richtiger Sechziger...155

Familie – Es geht nicht ohne Zipchen...159

Die 70er Jahre – Es war alles in allem ein schönes Leben...164
Der Schlaganfall...168
Der 70. Geburtstag...169
Das Ende...171

RIGA, 20. FEBRUAR 1909 – MEINE GEBURT FAND IM SAALE STATT

In der St. Petri-Kirche wurde Heinz Erhardt getauft

Rigaer Altstadt, Ecke Tirgonusstraße

„Das Thermometer zeigte 11 Grad minus und die Uhr 11 Uhr vormittags, als vor unserem Haus das Hauptwasserrohr platzte. Im Nu war die Straße überschwemmt und im gleichen Nu gefroren. Die Kinder kamen zuhauf, um auf ihren Schuhen schlittzulaufen.(Hier gehen die Meinungen auseinander, denn man kann Schlitt auch groß schreiben, wie zum Beispiel: Ich fahre Boot. Andrerseits schreibt man: Ich fahre rad. Ich bin beim kleinen schlitt geblieben, weil es sich ja hier um Kinder handelt.)

Ich selbst konnte mich an diesem fröhlichen Treiben nicht beteiligen, weil ich noch nicht geboren war. Dieses Ereignis fand erst gegen Abend statt und da war die Eisbahn längst gestreut.

Meine Geburt fand im Saale statt, im Kreißsaal. Und schon war ich sauer. Merkte ich doch gleich, dass auf Erden fast alles Lug und Trug ist. Denn wieso heißt ein Kreissaal Kreißsaal, wenn er viereckig ist? Erst viel später lernte ich, dass man diesen Saal mit „ß" schreibt.

Kaum hatten sich meine Eltern vorgestellt – ich hatte sie mir ganz anders vorgestellt – fanden sie mich „nein, wie reizend!" Dabei hatte ich kaum Haare auf dem Kopf, geschweige denn Zähne, auch war ich überall recht dick. – Kurz, ich sah aus wie jetzt.

Eines Tages – es war sehr kalt und ich fror vor mich hin; denn nicht nur meine Mutter, auch der Ofen war ausgegangen – teilte sich plötzlich die Wand und eine wunderschöne Fee erschien. Sie hatte ein faltenreiches Gewand und ein ebensolches Gesicht. Sie schritt auf meine Lagerstatt zu

Historische Häuserzeile in Riga

Riga um 1914

und sprach also: „Na, mein Junge, was willst du denn mal werden?"
Ich antwortete – im Hinblick auf meine ziemlich feuchten Windeln: „Ach, gute Tante, vor allem möcht' ich gern dichter werden!"
Das hatte die gute Fee wohl gründlich missverstanden.

Bald darauf erschien Onkel Harry und fotografierte mich von sämtlichen Seiten. Onkel Harry wohnte im vierten Stock, weil im dritten schon jemand wohnte. Er hatte eine schöne Wohnung – mit Zimmern drin und Wänden an den Seiten. Es grenzte aber nicht nur ein Zimmer an das andere, sondern schon fast an Wahnsinn, wie viele Bilder seine Nägel zierten. Auch schöne Radierungen hatte er – besonders in den Geschäftsbüchern, wie er oft scherzhaft zu bemerken liebte.
Also Onkel Harry fotografierte mich von allen Seiten. Besonders gut gelang ihm die Aufnahme, wo ich völlig entkleidet bäuchlings auf einem Bärenfell lag.
Man bedenke: Ich trug damals nicht einmal eine Brille ...

Ich wäre glatt verloren,
wärst du nicht stets bei mir.
Du hängst an meinen Ohren –
grad so, wie ich an dir.

Trag dich auch, wenn auf Zehen
die Nacht sich niedersenkt,
dann kann ich besser sehen –
den Traum, der mich umfängt.

Eltern bestehen in der Regel aus zwei Personen. Es sollen allerdings auch Fälle bekannt geworden sein, wo der Vater unbekannt ist. Von diesen überaus ‚seltenen' Fällen zeugt eine Volks-, oder besser gesagt, Halbwaise:

*Zeig mir mal dein Muttermal,
dann – zeig ich dir dein' Vater mal.*

Nun, ich konnte mich nicht beklagen: Ich hatte so nach und nach drei Väter und ebenso viele Mütter. Da nicht nur mein Vater und meine Mutter dreimal den Bund fürs Leben schlossen, sondern auch die Angeheirateten immer wieder heirateten, besaß ich nicht weniger als einundzwanzig lebende Großelternteile – nämlich elf Großväter und zehn Großmütter. Alle Vä- und Mütter, aber auch deren Eltern, kannten sich untereinander, vertrugen sich glänzend und verwöhnten mich. Und das nicht nur zur Weihnachtszeit.

*Tiefgefroren in der Truhe
liegt die Gans aus Dänemark.
Vorläufig lässt man in Ruhe
sie in ihrem weißen Sarg.*

*Ohne Bein, Kopf und Gekröse
ruht sie neben dem Spinat.
Ob sie wohl ein wenig böse
ist, dass man sie schlachten tat?*

*Oder ist es doch zu kalt ihr?
Man sieht's an der Gänsehaut.
Nun, sie wird bestimmt nicht alt hier:
Morgen wird sie aufgetaut.*

*Hm, welch Duft zieht aus dem Herde
durch die ganze Wohnung dann!
Macht, dass gut der Braten werde,
morgen kommt der Weihnachtsmann!*

Man reichte mich ständig herum und manchmal reichte es mir. Es bleibt unerfindlich, wie ich damals alle Angehörigen auseinanderhalten konnte – ganz abgesehen von den fast täglich neu hinzukommenden Onkeln und Tanten, die man ja auch noch mit Namen anreden sollte.
Jedenfalls erinnere ich mich, eine Liste angefertigt zu haben, die ich erst aus der Tasche und dann zurate zog, wenn ich gar nicht mehr weiterwusste. Sie ist in den Wirren des Krieges ebenso verloren gegangen wie die Mehrzahl der in ihr aufgeführten Verwandten.
Mein Lebensweg begann verwirrend. Die Wege meiner Eltern trennten sich. Mein Vater reiste als Kapellmeister durch deutsche Theaterstädte.

Während in jenen Tagen Mütterchen Russland von Väterchen Zar beherrscht wurde, wuchs ich ziemlich unbeherrscht bei meinen Großeltern auf, die ein Musikgeschäft in Riga betrieben.

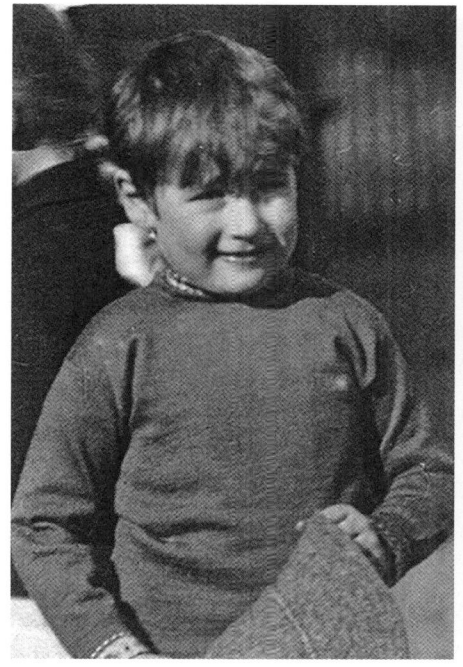
Der kleine Heinz

Die Mutter: Alice Neldner

Der Vater: Gustav Erhardt

Sie waren so gut zu mir, dass es schon wieder schlecht war. Wenn ich – Gott behüte! – nur einmal nieste, musste ich für eine Woche ins Bett und hustete ich gar, für zwei Wochen. Schließlich war ich derart verweichlicht, dass ich nur noch nieste oder hustete – oder beides.

> *Es wohnt ein Wind in Leningrad,*
> *der pustet kalt.*
> *Wer da nicht einen Mantel hat,*
> *der hustet bald.*

Ich wuchs in großbürgerlicher Idylle auf.

> *Der kleine Fips war als Kind*
> *ganz anders als sonst Kinder sind.*
> *Nie zog er einen Hund am Schwanz*
> *und auch Insekten blieben ganz.*
> *Er biss auch seine Amme nie,*
> *wusch ihn mit einem Schwamme sie.*

HERBST 1916 – MIT DER MUTTER IN PETROGRAD

Es war noch herrlich warm und ich tollte mit meiner Njanja – so hießen die dortigen Kindermädchen – im Garten herum. Auf der Terrasse aber saß Großmütterchen und häkelte. Oder strickte. Sie saß auf einem Klappstühlchen, an dem unser Mops Doggi angebunden war.

Plötzlich musste er eine Möpsin oder etwas in der Art gewittert haben.

Kurz und gut – oder vielmehr gar nicht gut: Er nahm einen gewaltigen Anlauf und raste mitsamt dem Klappstühlchen – aber ohne Oma – von dannen.

Großmütterchen hatte inzwischen auf den harten Steinen der Terrasse Platz genommen, worüber ich in unbändiges Lachen ausbrach – ein Beweis für meinen schon damals stark ausgeprägten Sinn für Humor …

Großmütterchen hatte aber keinen – und ich erhielt die erste Ohrfeige meines Lebens.

Natürlich fing ich jämmerlich zu weinen an. Das wiederum rührte Großmütterchen. Sie nahm mich auf ihren ausgedehnten Schoß und drückte mein Gesicht an ihre ebensolche Brust.

Als ich mit dem Weinen nachließ und das Antlitz wieder hob, war ich schwarz. Die Pailletten von Großmütterchens Kleid hatten abgefärbt …

Nun war es an Großmutter, herzlich zu lachen.

Überhaupt zeichnete sich unser Garten durch Lachen aus; besonders nach starken Regenfällen.

Das Lachen verging mir an dem Tage, als mich meine Mutter raubte und nach Petrograd brachte. Hier machte sie mich mit meinem Stiefvater Numero 1 bekannt. Ich war sieben Jahre alt.

Durch die Vororte Petrograds puffte eine mit Dampf betriebene Straßenbahn, die die anliegenden Häuser mit übel riechendem Rauch versorgte.

Die Petrograder hingen nicht nur an ihrer Dampfbahn, sondern auch rohe Heringe an die Fensterkreuze, um sie nach mehrmaliger Vorbeifahrt der Straßenbahn frisch geräuchert zu verzehren.

Verzehrt vom Heimweh durfte ich bald nach Riga zurückkehren, um in jenes Institut einzutreten, das

Das Elternhaus in der Nähe von Riga

In Sankt Petersburg (1916)

sich damit beschäftigte, unschuldigen Kindern das Lesen und Rechnen beizubringen.

Dass ich elf Jahre in der Sexta gesessen und dann geheiratet hätte – die Lehrerin nämlich – ist ein Gerücht.

Ich war ein Wunderkind, denn ich konnte schon mit sechs Jahren und einem Finger „Hänschen klein" auf dem Klavier spielen.

Mein größter Erfolg war „Die Schlacht bei Leipzig". Sie ging so: Ich setzte mich mit aller Kraft und dem Hinterteil auf die Tasten, wodurch ich den Donner der Geschütze und die Einschläge der Granaten treffend demonstrierte.

Auch begann ich bald Gedichte zu machen, die sich sogar ab und zu hinten reimten. Bitte, hier ist so ein Frühwerk – früh im wahrsten Sinne des Wortes:

Wandrer am Morgen

Morgens, wenn noch alle schlafen
und noch alles liegt in Ruh,
geht der Wandrer aus dem Hause
und dem fernen Ziele zu.
Gar nichts rührt sich, gar nichts regt sich,
selbst der Wind ist noch nicht wach –
nur die frühen Lerchen singen
und der Wandrer macht es nach.

Übrigens: Anhand des nun folgenden Beispiels können Sie feststellen, wie die Zeit in einem schöpferischen Menschen arbeitet und wie der Dichter oft Jahre des Reifens benötigt, um seinem Werk die endgültige Gestalt für die Nachwelt zu geben.

Wandrer am Abend

Abends, wenn schon alle schlafen
und schon alles liegt in Ruh,
geht der Wandrer aus dem Hause
und dem nahen Ziele zu.
Gar nichts rührt sich, gar nichts regt sich,
selbst der Wind schläft schon ganz fest –
nur der Wandrer in der Kneipe
singt, solange man ihn lässt.

Mein liebstes Spielzeug war eine Holzeisenbahn, die ich unermüdlich durchs ganze Haus schob. Natürlich wollte ich Lokomotivführer werden.

FRÜHJAHR 1919 – MIT DEM VATER IN DEUTSCHLAND

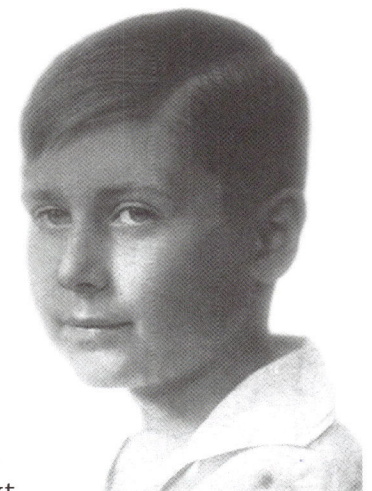

Die Eisenbahn sollte eine unerwartete Rolle für mich spielen. Sie brachte mich aus Riga heraus.
Ich war mal wieder geraubt worden. Diesmal von meinem Vater, der mich nach Deutschland mitnahm, wo er an ständig wechselnden Theatern arbeitete.
Ich musste des Öfteren Städte und Schulen wechseln, was nicht ohne Schwierigkeiten ging.
In Barsinghausen und am Realgymnasium am Georgsplatz in Hannover besuchte ich die Schule, während mein Vater am „Mellini"-Theater dirigierte.

Mit 13 Jahren dirigierte ich auch – ein Freiluftkonzert: „Die Kindersinfonie von Haydn" für Ruhrkinder. Das waren nicht Kinder, die an derselben erkrankt waren, sondern Kinder, die an derselben wohnten und unter der französischen Besatzung litten. Das Konzert fand in der Wennigser Mark statt.

RIGA 1924 – ICH WAR EIN PAUSENSCHÜLER

Mit 15 Jahren wurde ich zurückgepfiffen. Da geschah's dann, dass ich zum dritten Mal geraubt wurde – nun wieder einmal von Mütterchen.
Mit zwie-, ja, mit einspältigen Gefühlen trat ich die Rückreise in meine Heimat an; sollte ich doch dort die Schule beenden.

Riga war inzwischen zur Hauptstadt Lettlands geworden. Auf dem Deutschen Gymnasium sollte ich einen ordentlichen Schulabschluss machen.
Es waren schöne Jahre, wenn auch nicht immer einfach, weil wir als deutsche Minderheit eben Minderheit waren.
Schöne Erinnerungen habe ich an Fahrten durchs Hügelland entlang der Düna bis zur Mündung an der Rigaer Bucht, an Ausflüge mit Troika-Gespann, an Rassolnik-Suppe und an die klaren Schnäpschen der

Balten, die einer ihrer volkstümlichen Dichter besungen hat:

Kann ich bei einem guten Schinken
mein Gläschen Doppelkümmel trinken,
so ist das schönste Gedicht von Petrark
in meinen Augen – dummer Quark.

Über die Schulzeit möcht' ich mal so sprechen: Ich war ein Pausenschüler. Ich konnte ohne Pause Pause machen.

Was er schätzte selbst in Serien,
das waren jedesmal die Ferien,
die er von sich aus noch ergänzte,
indem er gern die Schule schwänzte.

An meine Mitschüler kann ich mich kaum erinnern, wohl aber, dass ich nie vorsagte – nicht, weil ich nicht wollte, sondern weil ich nicht konnte. Bei mir war nichts zu erben.
Ich war ein Einzelgänger, spann so'n bisschen rum und schwebte in höheren Sphären. In den Schulpausen habe ich meine Lehrer angedichtet und die Zettel immer versehentlich liegen lassen. Das hat man mir übel genommen.

Die Schule ist, das weiß man ja,
in erster Linie dazu da,
den Guten wie den Bösewichtern
den Lehrstoff quasi einzutrichtern;
allein – so ist's nun mal hernieden;
die Geistesgaben sind verschieden.

Mit Löffeln, ja, sogar mit Gabeln
frisst Kai die englischen Vokabeln;
Karl-Heinz hat aber erst nach Stunden
die Wurzel aus der Vier gefunden.

Und doch! Karl-Heinz, als dumm verschrien,
wird Chef – und man bewundert ihn,
und Kai, in Uniform gezwängt,
steht an der Drehtür und empfängt
und braucht in Englisch höchstens dies:
„Good morning, Sir!" und manchmal: „Please!"

Hieraus ersieht der Dümmste klar,
dass der, der dümmer – klüger war.

An einen Lehrer kann ich mich noch gut erinnern – den Namen habe ich vergessen. Er war Theaternarr und organisierte Freilichtaufführungen mit Laien im Sportverein Kaiserwald. Hier spielte ich eine tragende Rolle, die ohne Brille gespielt werden sollte.
Ich stand natürlich mit Brille auf der Bühne. Der Regisseur raunte verzweifelt aus der Kulisse: „Brille weg!" Ich nahm das unerwünschte Ding mit spitzen Fingern von der Nase und sagte: „Ich trage sie auch nachts, damit ich besser sehe, was ich träume." Die Handlung lief zwar weiter, doch alle lachten nur über mich.

Mal trumpft man auf, mal hält man stille,
mal muss man kalt sein wie ein Lurch,
des Menschen Leben gleicht der Brille:
Man macht viel durch!

Großväterchen – Paul Neldner – führte das größte Musikhaus in Riga.

Dort stand auch ein großes Harmonium. Das wurde für Festlichkeiten ausgeliehen und dann wurde ich immer mit ausgeliehen. So kam ich zur Musik.

Häufig kamen durchreisende Berühmtheiten wie Caruso und Rubinstein nach ihren Gastspielen bei Neldner vorbei. Ich fing an zu komponieren. Heute denke ich: „Mein Gott, was hast du da bloß verbrochen?", aber damals war es mir sehr ernst damit. In mir war der Traum erwacht, selbst einmal Künstler zu werden.

Eine uralte Aufnahme von Riga
(Pfeil: die ehemalige Fa. P. Neldner, wo ich Noten, Klaviere u. Platten 10 Jahre lang - mit wenig Erfolg - verkaufte)

Heinz Erhardt als Gymnasiast

Heinz mit Großvater Neldner

O eminenter Tastenhengst,
der du der Töne Schlachten lenkst
und sie mit jeder Hand für sich
zum Siege führst, dich preise ich!

Jeden Morgen spielte ich zur Andacht die Schulorgel in der Aula.
Gelegentlich eines lettischen Staatsfeiertages, bei dem wir Baltendeutschen mitmachen mussten, improvisierte ich beim Einzug der Schüler in die Aula mit beiden Händen eine ernste Weise, während ich unten mit den Pedalen, kunstvoll verwoben, eine Operetten-Melodie von Paul Abraham erklingen ließ.
Nur dank des Humors meines Religionslehrers, der sich mit der ganzen Wucht seiner Persönlichkeit für mich einsetzte, durfte ich die Anstalt bis zum bitteren Ende auskosten.
In der Schule war kein Fortkommen, also machte ich, dass ich fortkam – ohne Abitur.
Großväterchen Neldner hatte andere Pläne mit mir. Ich sollte einmal sein Erbe antreten und das angesehene Musikhaus führen.
So schickte er mich nach Leipzig, wo ich als Volontär eine Musikalienlehre begann.

1926 – IN LEIPZIG FING DAS DICHTEN AN

Doch ich folgte meinem Traum, selbst einmal Künstler zu werden und ging ans Leipziger Konservatorium. Hier ließ ich mich am Klavier und in Komposition ausbilden und machte das – neben dem Musikalienhandel – zur Hauptsache, was in Großväterchens Augen besser Nebensache geblieben wäre.

In Leipzig fing das Dichten an. Ich begann als Dilettant auf bunten Abenden, unentgeltlich, nur um die Leute zu erheitern – ich versuchte es wenigstens. Aus dieser Zeit stammt das Gedicht vom Gewitter.

> *Da plötzlich hört man ganz von ferne*
> *ein leises Grollen. Mond und Sterne*
> *verhüllen sich mit schwarzen, feuchten*
> *Wolkenschleiern, Blitze leuchten.*
> *Und sind versammelt in dumpfer Stube*
> *Urahne, Großmutter, Mutter und Bube.*
> *Das Gewitter kommt näher mit Donnerschlag*
> *und noch fünf Minuten bis Donnerstag.*

Im reiferen Alter habe ich dieses Gedicht bearbeitet – frei nach Ludwig Uhland, dem Erfinder der gleichnamigen Straße.

Das Unwetter

Urahne, Großmutter, Mutter und Kind
in dumpfer Stube versammelt sind. –
's ist Mittwoch. Da hört man von ferne
ein leises Grollen. Mond und Sterne
verhüllen sich mit schwarzen, feuchten
Wolkenschleiern. Blitze leuchten.
Und es sind versammelt in dumpfer Stube
Urahne, Großmutter, Mutter und Bube. –
Das Gewitter kommt näher mit Donnerschlag –
und noch fünf Minuten bis Donnerstag!
Es heult der Sturm, es schwankt die Mauer,
der Regen prasselt, die Milch wird sauer –,
und in dumpfer Stube – man weiß das schon –
sind Urahne, Großmutter, Mutter und Sohn.
Ein furchtbarer Krach! Ein Blitz schlägt ein!
Der Urahne hört was und sagt: „Herein!" –
Die dumpfe Stube entflammt und verglimmt
mit Urhammel, Großbutter, Butter und Zimt ...

Zwei Jahre tingelte ich mit solchen Einlagen in und um Leipzig herum und lernte die deutsche Geselligkeit gründlich kennen.

RIGA 1928 BIS 1938 – MUSIKALIENHÄNDLER UND UNTERHALTUNGSKÜNSTLER

Ich begann zu handeln – und zwar mit Noten und Klavieren. Im großväterlichen Musikgeschäft befand ich mich inmitten hehrster Kunst, dachte ich!

In Wirklichkeit ist es völlig wurst, ob man mit Käse handelt oder mit Musik: Immer kauft man billig ein, um teurer zu verkaufen.

Als ich diese meine rein persönliche Meinung in aller Öffentlichkeit preisgab, verhüllte mein von hanseatischem Kaufmannsgeist erfüllter Großvater sein Haupt. Er beruhigte sich erst, nachdem ich ihm eines Tages eröffnet hatte, ich würde den Ratten, die seit eh und je ausgerechnet den kostbaren in Leinen gebundenen Notenwerken auf den Leim gingen, zu Leibe rücken.

Die Jagdleidenschaft und eine alte Flinte hatte ich von Onkel Harry geerbt. Er war ein Nimrod, obwohl seine Hände beim Zielen immer gewaltig zitterten – aber nicht, weil er vorm Knall Angst gehabt hätte oder weil ihn fror – nein, weil seine Hände immer zitterten. Doch wie alles sein Gutes hat, so hatte auch dieses an sich lästige Leiden lustige Vorteile: Gelang es Onkel Harry doch zuweilen, durch sein Zittern eine über das normale Maß hinausgehende Streuung des Schrotes zu erzielen. Manchmal fühlten sich durch einen Schuss – und das ist keine Ente! – gleich drei bis vier Exemplare dieses Geflügels getroffen und gingen gleichzeitig zu Boden …

Ich aber ging in den Keller, holte die Flinte und begab mich eines Sonntagabends ins Geschäft …

Es muss ungefähr Mitternacht gewesen sein – ich hatte kaum ein paar Stunden bequem in Großvaters Lehnstuhl, den ich seinem Büro entlehnt hatte, gesessen – als plötzlich die Tür mir gegenüber sich zu öffnen schien und ein langer gepflegter Vollbart eintrat – mit einem älteren Herrn dran.

„Gestatten Sie", sagte der Vollbart, „mein Name ist Johannes Brahms! – Störe ich?"

„Aber nicht im Geringsten, verehrter Meister! Weder stören Sie mich noch stört mich Ihr Hamburger Dialekt!", rief ich aus.

„Ach, hören Sie mir bloß mit Hamburg auf! Diese Stadt hat sich bis jetzt recht undankbar gezeigt: Kein Platz, keine Brücke ist nach mir benannt worden! Nur so eine müde Allee, in die kaum ein Mensch kommt – – – –

„Das kommt vielleicht daher", wagte ich einzuwenden, „weil Sie, statt Ihre Heimatstadt zu besingen, lieber Ungarische Tänze komponiert haben! Sehen Sie; Ihr Kollege Rimskij-Korsakow zum Beispiel, der Ihnen nicht das Wasser der Newa oder eines anderen russischen Flusses reichen kann und mit Hamburg nicht das Entfernteste zu tun hat – widmete immerhin Ihrer Stadt seinen berühmten Hummelflug!"

„Mors!", knurrte Brahms, „da mögen Sie in etwa recht haben, junger Mann! – Aber eine Frage hätte ich noch; wie verkauft sich eigentlich mein Wiegenlied – Guten Abend, gut Nacht –?"

„Das von Mozart verkauft sich besser!", erwiderte ich wahrheitsgemäß, worauf er angewidert sein mächtiges Haupt schüttelnd murmelte: „Natürlich! Weil da ein Prinzchen vorkommt!" Und langsam und völlig löste er sich in Nichts auf …

Auch ich war völlig aufgelöst! – Aber nicht lange! Denn schon wieder wurde die Tür aufgerissen und ziemlich abgerissen stürzte – wahrhaftiger Gott! – Ludwig van Beethoven herein!

„Na, noch so spät auf?", fragte ich etwas vorlaut. Aber obwohl scheinbar anwesend, war er anscheinend abwesend! Er kritzelte Noten in sein Notizbuch und summte eine Melodie, die ich nicht kannte. Dabei war sie von Beethoven!

„Was wird denn das, wenn es fertig ist?", wollte ich wissen. Er beachtete mich jedoch nicht – bis es mir wie Schuppen von den Haaren fiel: Er kann ja nicht hören, der Arme! Und mit solch schlechtem Gehör komponiert er so gute Sachen!

Und unsere zeitgenössischen Komponisten hören so gut! Und – während ich diese Gedanken noch weiter ausspann, spannte Beethoven seinen Regenschirm auf, flog durchs Fenster und genau dem Mondschein entgegen, wo ihn schon seine Sonate erwartete …

Ich saß inzwischen erwartungsvoll da und dachte, wer kommt nun? Und da kam einer, den ich am wenigsten erwartet hätte – nämlich Goethe!

Was wollte Goethe in einem Musikgeschäft, er, der von Musik genau so viel verstand wie ein Igel vom Zähneputzen? Weiß Gott, er passte hierher wie die Faust aufs Auge …

„Guten Abend, Herr Geheimrat!" sagte ich höflich.

„Nun, auch Sie verwechseln mich leider! Ich bin Hauptmann."

„Ach so! Aber wenn Sie in Zivil sind, kann man das nicht so sehen!"

„Sie irren abermals! Ich bin Gerhart Hauptmann. Ich bin hergekommen – vor Sonnenaufgang natürlich –, um meine unartigen Kinder zur Ordnung zu rufen! Sie haben, wie ich hörte, in Ihrem Geschäft viel Unheil angerichtet, die Ratten!!!

„Jawohl, Herr Hauptmann!"

„Na, dann will ich mal mit ihnen reden!"

Während er langsam versank, als wollte er es seiner „Versunkenen Glocke" gleichtun, versank auch ich – in einen tiefen, traumlosen Schlaf, aus dem mich erst die Glocke der Registrierkasse erweckte …

Das Doppelleben als Musikstudent und Musikalienlehrling hatte bei mir ganz neue Interessen geweckt. 1928 kehrte ich nach Riga zurück. Ich war inzwischen 19 Jahre – alt genug – am regen Caféhaus-Leben der Balten teilzunehmen.

Café Schwarz

Confisserie et Café G. Th. Reiner, gr. Sünder-Str. No. 4.

In Riga gab es zwei große Caféhäuser; das Café Schwarz und das Café Reiner. Damals hieß der Spruch: Bei Reiner ist der Kaffee schwarz, doch bei Schwarz ist er reiner. Diese beiden Cafés waren bevorzugte Treffpunkte der Deutschbalten. Ich erinnere mich noch lebhaft an meine Auftritte im Café Schwarz. Dort musste man eine Treppe hinaufsteigen und oben saßen dann alle. So schüchtern und linkisch, wie ich damals war, wurde ich jedesmal rot wie eine Tomate.

Als Kind – zu meiner Eltern Leid –
litt ich an großer Schüchternheit.
Als Gymnasiast dann – farbumbändert –
hatte sich daran nichts geändert.
Auch nach dem ersten Kuss – mit Ellen –
war keine Besserung festzustellen.
Im Alter erst – beim Kampf ums Leben –
hat sich die Schüchternheit gegeben!
Doch weiß ich: Tritt der Tod herein
und spricht zu mir: „Komm mit, mein Sohn!",
und führt mich vor des Höchsten Thron,
werd ich wieder ganz schüchtern sein.

In Großväterchens Geschäft verdiente ich mir meinen Lebensunterhalt als Klavier- und Notenverkäufer. Unsere Währung war der Lat. Er hatte einen offiziellen Kurswert von 50 Pfennigen, aber seine Kaufkraft lag weit höher. Von 100 Lat im Monat konnte man zwar nicht leben, aber sparen konnte man was. Sobald ich ein paar Lat in der Tasche hatte, ging ich schnurstracks ins Café Schwarz, um wieder einmal rot zu werden.

Ich hatte mir ein kleines Programm erarbeitet, mit dem ich tingelte. Das heißt, ich trat bei verschiedenen Festveranstaltungen der Deutschbalten auf. Da ich aber immer dasselbe Publikum hatte, musste ich mein Repertoire ständig erweitern.

Großväterchen Neldner sah sehr wohl, dass ich keine Ambitionen zum Chef entwickelte. Statt mich um

den Verkauf der Klaviere zu kümmern, spielte ich lieber darauf und tüftelte an meinen Kompositionen und Liedern.
Im Sommer 1929 starb Großväterchen.

Er sprach zu der Theaterleitung,
nachdem er dreimal ausgespuckt:
„Mein Name steht in dieser Zeitung
nie eingerahmt, nie fettgedruckt!
Dabei spiel ich die längsten Rollen,
mal bin ich heldisch, mal geduckt,
ich probe auch, solang Sie wollen,
doch niemals bin ich fettgedruckt!"
Ganz ohne Probe selbstverständlich
starb gestern er, hat kaum gezuckt ...
Heut steht er in der Zeitung endlich
schön eingerahmt und fettgedruckt!

Fettgedruckt fand ich meinen Namen das erste Mal in der **Rigaer Rundschau**. Anlass war mein Auftritt vor dem Verband der deutschen Angestellten im Sängersaal des Gewerbevereins. Es folgten Engagements auf Jubiläums-, Jahresfeiern und Gartenfesten. Der „Lettländische Verein zur Bekämpfung der Tuberkulose" kündigte mich so an: „Kabarett-Programm mit dem Humoristen Heinz Erhardt".

Seit frühster Kindheit, wo man froh lacht,
verfolgt mich dieser Ausspruch magisch:
Man nehme ernst nur das, was froh macht,
das Ernste aber niemals tragisch!

VERENA: Zum Jahresbeginn 1932 öffnen sich für meinem 23-jährigen Vater die Türen des Deutschen Schauspielhauses in Riga. „Neben der Musik von Ravel und Debussy hörte man drei Kompositionen unseres jungen, einheimischen Komponisten Heinz Erhardt", berichtete die Presse.
Dann stand ein Lustspiel auf dem Programm: „Von dem jungen talentvollen Komponisten stammen die musikalischen Untermalungen. Eine Fülle melodischer Intermezzi und die Schlager, die zweifellos Zukunft haben."
Als Laienschauspieler debütierte mein Vater auf der Bühne des Deutschen Schauspielhauses: „Äußerst vergnüglich seine kuriosen Sprünge und Tänze und vor allem sein lustiges Mundwerk, das niemals stillstehen will."
Am Abend der Premiere war sein Vater, der berühmte Kapellmeister, zufällig in der Stadt und ließ es sich nicht nehmen, selbst zum Taktstock zu greifen. – „Gustav Erhardt, der sehr verdiente Kapellmeister verhalf dem Erstling seines begabten Sohnes zum ersten Erfolg", berichtete die Lokalpresse.
In der nächsten Saison wurde wieder eine Verwechslungskomödie nach bewährtem Muster im Deutschen Schauspiel aufgeführt. Die **Rigaer Rundschau** schrieb: „Man erinnert sich an seine ersten, allerdings noch anspruchloseren Bühnenstücke, die einen allgemeinen Beifall erregten."
Und schon da wurde dem jungen Künstler von berufener Seite eine gute Entwicklung geweissagt. Zum ersten Mal hatte mein Vater auch die Texte seiner Lieder selbst verfasst: „Du bist dumm und ich bin dumm und wir sind dumm und ihr seid dumm." Dieser lustige Refrain des

Ausklanggliedes des Erhardtschen Singspiels gilt für alle diejenigen, die versäumen, sich dieses lustige Spiel anzusehen.
Von meinen Erfolgen zu Hause beflügelt, stürzte ich mich 1933 auf eigene Faust ins brodelnde Berlin der frühen 30er-Jahre. Mutig, aber glücklos.
Nach einem Vierteljahr rollte ich im Speisewagen des Zuges nach Riga wieder durch Litauen.
Ich war schon beim Käse, als ein Herr mir gegenüber Platz nahm – mit einer Miene, als sei er gerade auf sie getreten. Es verstrich einige Zeit, ehe wir ins Gespräch kamen. Ich erfuhr, dass er Geflügelhändler sei. „Glauben Sie mir", sagte er, „ich hatte vor der Grenze 200 englische Pfund bei mir. Ich ging auf die Toilette und auf die kleinste Rolle zu, die in diesem Raum eine so große Rolle spielt. Ich rollte sie fast völlig ab und dann wieder auf, eine Pfundnote nach der anderen fein säuberlich in sie hineinlegend – und damit auch die Devisenkontrolleure – wie ich glaubte."
Mein Gegenüber nahm den Daumen aus der Nase, dann einen Schluck aus dem Bierglas und wieder Wort: „Ich harrte in Ruhe der Dinge und der Zöllner. Sie kamen auch, sahen und gingen. Kaum hatte sie der Zug ausgespien und sich wieder in Bewegung gesetzt, tat ich dasselbe.
Ich betrat wieder den stillen Raum. Sie können sich mein grenzenloses Entsetzen vorstellen, als ich feststellen musste, dass beim Grenzwechsel auch ein Rollenwechsel stattgefunden hatte.
Die reichsdeutsche Rolle mit meinen Pfunden und dem Aufdruck – Garantiert 400 Blatt – war weg.

Dafür hing da eine litauische, die mich unbeschriftet und inhaltslos anstierte."
Meine Reise nach Berlin war dieselbe nicht wert gewesen. Ich war ernüchtert, aber keineswegs erschüttert nach Riga zurückgekehrt.

Es soll manchen Dichter geben,
der muss dichten, um zu leben.
Ist das immer so? Mitnichten!
Manche leben, um zu dichten.

VERENA: Die politischen Verhältnisse in Lettland hatten sich 1934 drastisch verschlechtert. Die baltendeutsche Minderheit schrumpfte ständig. Doch das gesellschaftliche Leben ging weiter und wo immer Baltendeutsche feierten, war mein Vater dabei.

Eine gute Conférence soll aus drei Teilen bestehen,
wenn sie bestehen soll: nämlich aus dem ersten,
dem zweiten und dem dritten Teil.
Bei einer Konferenz ist es so ähnlich, nur ganz
anders, denn es ist kein Geheimnis, dass zwischen
einer Konferenz und einer Conférence eine
große Kluft klafft. Während bei einer Konferenz
meistens nichts herauskommt, kommt bei einer
Conférence immer was heraus – und zwar der oder
die, den oder die man gerade conferiert hat!

MARITA: Mein Vater war jetzt Mitte zwanzig – ein halber Musikalienhändler und fast schon ein ganzer Unterhaltungskünstler. Und er war immer noch ledig.

GILDA ZANETTI – ICH LERNTE SIE NICHT IM SUFF, SONDERN IM FAHRSTUHL KENNEN

Nie wäre es mir möglich gewesen, allein mit einem Mädchen ins Café, Kino oder gar zum Tanzen zu gehen, ohne dass man tags darauf als verlobt galt.

Um nun heiratsfähige Töchter an den vorsichtigen Mann zu bringen, wurden die Junggesellen oft und gerne von Familien mit Töchtern nach Hause eingeladen. Da es eine Menge derartiger Familien gab, musste man fast täglich woanders hin.

Manchmal war es sogar ganz gemütlich, wenn der „Schwiegerpapa" gerne einen trank und froh war, einen Kumpel gefunden zu haben.

Beim Abendessen wurden einem die Vorzüge der betreffenden Tochter von Mama aufs Butterbrot geschmiert. Danach ging es mit Papa ins Allerheiligste und dort wurde ein Wodka nach dem anderen gekippt.

Nach dem zehnten Schnäpschen taute Papa meistens auf und meinte etwas lallend, seine Tochter sei gar nicht so besonders – ganz im Gegenteil.

Nachdem man zu später Stunde den Damen des Hauses sämtliche Hände geküsst und vor lauter Wodka nicht mehr wusste, welcher Tochter man nun eigentlich den Hof gemacht hatte, verschwand man voll gesättigt auf Nimmerwiedersehen. – Nun, es gab auch Familien, die dem Alkohol abhold waren.

Da du aber rechtzeitig gewarnt wurdest, nahmst du eine Flasche mit, wohlverwahrt in deiner Manteltasche.

Während des Abendbrots täuschtest du leichtes Unwohlsein vor und gingst – jegliche Begleitung strikt ablehnend – schnurstracks zu deinem Mantel. Schon nach ein paar Minuten kamst du in besserer Stimmung zurück.

Auf deine Magenstimmung berufend, konntest du dich jetzt weigern, den zähen Rehrücken weiter zu essen, der dir ebenso hartnäckig auf der Zunge gelegen hatte wie die Bemerkung „Ich muss wohl ein Stück vom Geweih erwischt haben."

Beim Kompott, von dem die Hausfrau stolz berichtete, sie habe ihn selbst eingeweckt – worauf du dir nicht verkneifen konntest zu sagen: „Schade, dass Sie ihn wieder aufgeweckt haben" – stattest du abermals deiner Flasche einen etwas längeren Besuch ab.

Sie dankte es dir, indem sie die Stunden schneller verstreichen und deine rhetorischen Fähigkeiten in so hellem Licht erstrahlen ließ, dass deine Angebetete in ebensolches Entzücken ausbrach.

Und beim Abschied passierte es dann, dass deine „Schwiegermutter" allen Ernstes sagte: „Sehen Sie, es geht auch ohne Alkohol."

Dame gegenüber sah, die ein Wagenrad von einem Hut auf dem hübschen Kopf balancierte.

„Wollen Sie auch nach oben?", fragte ich klugerweise, denn wir befanden uns im Parterre. So kamen wir ins Gespräch. Als mich der Fahrstuhl im vierten Stock ausspie, wusste ich wenigstens so viel: Die junge Dame hieß Gilda Zanetti, war Tochter des italienischen Konsuls in St. Petersburg und lebte mit ihrer inzwischen verwitweten Mutter sowie mit ihren drei Geschwistern im fünften Stock dieses Hauses. Das alles konnte ich nur erfahren, weil die Fahrstühle in Riga glücklicherweise sehr langsam sind. Riga war eine kleine Stadt und die Zahl der Deutschbalten so gering, dass man sich immer wieder begegnete. Dass Gilda für mich die Richtige war, stand bei mir außer Zweifel, seit ich sie zum ersten Mal ins Alhambra führte. Hier fand das Nachtleben statt. Hier wurde für damalige

Warum du nie wieder eingeladen wurdest, lag wahrscheinlich daran, dass man deine leere Flasche in irgendeiner Ecke gefunden hatte.

Bei dieser Gelegenheit möchte ich betonen, dass ich die Frau, mit der ich mich wirklich verlobte – dann auch noch heiratete und die mir nach und nach vier Kinder schenkte, dass ich diese Frau nicht im Suff, sondern im Fahrstuhl kennenlernte.

Es verschlug mir die Sprache, als ich mich urplötzlich einer jungen

Verhältnisse ganz toller Hot geboten; und wer konnte, schwofte.

Ich konnte leider nicht. Aber es gehörte zum guten Ton. So mühte ich mich auf allen Bällen redlich ab, womit ich allerdings meinen Partnerinnen keine Dienste erwies. Die reizende Gilda Zanetti war nun die Erste, die überhaupt nicht schimpfte, wenn ich mehr auf ihren als auf meinen Füßen stand.

Nach einem Jahr, am 5. Januar 1935, haben wir geheiratet.

Ich weiß nicht, woher ich damals den Mut zur Familiengründung nahm; denn wir waren nach wie vor alles andere als auf Rosen gebettet. Unsere Hochzeitsreise wurde wegen Kälte vorzeitig abgebrochen. Wir fuhren von Riga aufs Land. Das Haus konnte nicht geheizt werden und so bekamen wir kalte Füße. Nicht weil wir geheiratet hatten, sondern weil es so lausig kalt war. Trotz einer kleinen Gehaltsaufbesserung im Musikaliengeschäft und meiner Tingelleien auf Vereins- und Familienfesten war bei uns Schmalhans Küchenmeister. Gilda arbeitete weiter als Sprechstundenhilfe bei einem Zahnarzt, bis sich im Juni 1936 Nachwuchs ankündigte – unsere erste Tochter Grit.

VERENA: Wir wohnten bei meiner Großmutter. Sie hatte eine riesige Wohnung in der Stadt, von der sie einzelne Zimmer untervermietete. Davon lebte sie. Finanziell ging es uns nicht sonderlich gut.

„Im Winter 1936/37 bekam ich noch mal einen Auftrag als Komponist für das Deutsche Theater in Riga. Doch mit der Familiengründung wurde der Zwang, Geld zu verdienen immer stärker. Hier in Riga kam ich einfach nicht weiter. Gilda war überzeugt, dass ich mein berufliches Glück nur in Deutschland finden würde.

Und so machte ich mich schließlich auf den Weg nach Danzig, um beim dortigen Rundfunk vorzusprechen. Ich setzte mich an einen Flügel, der genauso herumstand wie ich – und legte los.

Außer einer Rundfunkaufnahme – ob sie überhaupt gesendet wurde, weiß ich nicht – kam nicht viel aus meinem Vorstoß ins Ausland heraus. Doch Gilda ließ nicht locker: „Nur der Sprung nach Berlin wird deine Karriere voranbringen!"

1938 MACHTE ICH MICH AUF DEN WEG – IM KÖFFERCHEN MEINEN SCHLAFANZUG UND MEINEN GRIPS

Am 25. Mai 1938 saß ich in „Sperlichs Künstleragentur" in der Joachimstaler Straße. Warten, Vertröstungen, Ausflüchte.

„Ich singe Chansons und begleite mich selbst am Flügel." – Plötzlich wurde der Agent Sperlich hellhörig. Peter Igelhoff, einer der erfolgreichsten Kabarettisten seiner Zeit, war am Kehlkopf erkrankt und konnte in Breslaus exklusivstem Haus, der *Kaiserkrone*, nicht auftreten. Der Agentur drohten saftige Vertragsstrafen.

So saß ich plötzlich in der Eisenbahn, auf dem Weg nach Schlesien.

Der lang ersehnte Durchbruch endete mit einer Schlappe. Das Breslauer Publikum in der *Kaiserkrone* wollte natürlich Peter Igelhoff sehen und keinen unbekannten Lückenbüßer.

Die Protestschreie, Pfiffe und Buh-Rufe hatten mich so tief getroffen, dass ich am nächsten Abend den Auftritt fast verschlafen hätte. Man fand mich schnarchend im Bett, rüttelte mich wach und scheuchte mich in die *Kaiserkrone*. Mir war alles egal. Und so schlich ich mich verschlafen, mit tieftraurigem Gesicht, auf die Bühne und spulte mein Programm ab. – Die Leute schrien vor Lachen.

Die erste Autogrammkarte

Die Presse schrieb: „Mit seinem typischen Heinz-Erhardt-Gesicht – halb Hilflosigkeit, halb schelmischer Übermut – und seinem brillanten Wortwitz brachte er sein Publikum zum Rasen. Besonders erwähnenswert: das Lied ‚Fräulein Mabel' am Klavier vorgetragen."

Kennen Sie denn schon das Fräulein Mabel?
(Bitte diesen Namen englisch aussprechen – also
Mebel – damit er sich besser auf Säbel reimt.)

Würden Sie sie sehn, würd's Ihnen abel!
Beine hat sie dünn so wie ein Säbel –
meine süße, kleine Freundin, Fräulein Mabel.

Kennen Sie denn schon das Fräulein Mabel?
Ausgeschnitten geht sie bis zum Nabel,
deshalb hab ich auch für sie ein Faible –
für die süße kleine Freundin, Fräulein Mabel.

Die *Kaiserkrone* engagierte mich gleich drei Monate. Mein erster Erfolg in der Fremde war geglückt.

Aus einem Brief an seinen Vater:
„Lieber Papa! Ich sitze also jetzt in Breslau und verdiene meine 15 Mark täglich in der *Kaiserkrone*.
Das Programm ist ausgezeichnet, die Attraktion aber bin ich, obwohl ich auf den Plakaten und in den Programmen am kleinsten gedruckt bin. Dass ich gefalle, kannst du schon daraus ersehen: Gestern wurde ich zum hiesigen Rundfunk bestellt. Hoffentlich wird mir das weiterhelfen, denn ab 16. sitze ich wieder auf dem Trockenen."
Der Reichssender Breslau half. Am 15. August 1938 sang und ulkte der unbekannte Ersatz-Igelhoff über den Äther.
„Ein geistvoller Humorist mit unglaublicher Zungenfertigkeit, der sich zu eigenen, lustigen Schlagern am Flügel selbst begleitet. Seine Stimme klang weich, angenehm und sehr deutlich. Nicht ein Wort ging verloren."

MARITA: Es blieb nicht bei diesem ersten Auftritt im Breslauer Sender. Innerhalb weniger Wochen wurde mein Vater in der Stadt ein Begriff.

Berlin war mir durch kühle Agentenmienen, nutzlose Ferngespräche, wund geschriebene Offerten-Finger und die tägliche 40-Pfennig-Erbsensuppe bei Aschinger in keiner guten Erinnerung geblieben.
Das sollte sich ändern.
Am 9. Oktober rief ich bei Willy Schaeffers, dem Direktor des Kabaretts der Komiker, an und fragte, ob ich ihn nicht sprechen könne. „Weshalb?", fragte er. „Engagement!", flüsterte ich zurück.
„Freitag halb zwölf", sagte er.
Dann stand ich mit sehr vielen anderen jungen Leuten vor einer Prüfungskommission und sang „Reg dich nicht auf, mein Freund!"
So entdeckte mich Willy Schaeffers. Das heißt, ich bin hingegangen, sonst hätte er mich bestimmt nicht entdeckt. Ich hatte einen zweimonatlichen Vertrag beim Kabarett der Komiker in der Tasche.
Nun häuften sich die Angebote. Zum ersten Mal in meinem Leben trat ich in der *Scala* in Berlin auf. 3000 Menschen saßen mir zu Füßen und blickten zu mir hoch auf die Bühne.
Dort saß ich ganz allein im Frack am Flügel. Leider hatte ich keine, sonst wäre ich weggeflogen.

Zum ersten Mal im Fernsehen: „Bunte Fernseh-Fibel", ausgestrahlt vom Berliner „Fernsehsender Paul Nipkow" (1939).

Alle konnten mich sehen im Schein des Werferlichtes, ich aber durfte niemanden sehen. Ich starrte nur in das finstere Loch des Publikumsraumes. Für diese Finsternis sollte ich singen und spielen. Ich sang, ich spielte. Da drang sie ein in mein Hirn, die Finsternis. Sie verschlang mich aber nicht, was sie doch sonst in gnädigen Fällen zu tun hat. Nein, ich saß immer noch für alle sichtbar da und wusste nicht weiter.

Ich war einfach steckengeblieben. Ich hatte meinen Faden verloren, Faden verloren, Faden verloren – das muss mir im Kopf herumgegangen sein. Ich weiß nur noch, dass ich mich bückte und einen gar nicht vorhandenen Faden von den Bühnenbrettern aufhob.
„Verzeihung, ich hatte meinen Faden verloren", sagte ich und steckte das imaginäre Ding mit spitzen Fingern in die Brusttasche meines Fracks.
Das finstere Loch des Publikumsraumes wurde plötzlich sehr lebendig. Es applaudierte und lachte.
Ich hatte meinen Faden wiedergefunden und sagte, um fortzufahren, ganz trocken: „Noch 'n Gedicht".

Viele Verse schrieb und schreib ich,
denn die Muse, die mich küsste, will es;
doch die Verse sind viel unbekannter,
als die Verse des Achilles!
Über diese gibt es Bücher –
wer kennt nicht die dicken Folianten?
Meine Verse aber kennen
nur der Mond – und dann zwei alte Tanten.

Zum Weihnachtsfest 1938 fuhr ich zu meiner Familie nach Riga. Ich war fast ein Jahr lang weg gewesen.
Sogar die Presse berichtete.

Rigaer Rundschau: „Heute mit dem Berliner Zug trifft ein allseits beliebter Sohn unserer Heimatstadt, der bekannte Vortragskünstler Heinz Erhardt, wieder in Riga ein, um hier seinen Urlaub zu verleben.

Heinz Erhardt, der in Deutschland eine Reihe von schönen Erfolgen zu verzeichnen hatte, tritt am zweiten Weihnachtsfeiertag im Rahmen des großen bunten Abends im Rigaer Deutschen Bürgerverein mit seinen humorgeladenen, musikalischen Vorträgen vor seine alten Freunde."

Nach dem Weihnachtsfest reiste Gilda mit mir nach Berlin, um eine Wohnung zu suchen.
Die politische Lage in Lettland verschlimmerte sich zusehends.
Hitler und Stalin hatten beschlossen, die Baltendeutschen auszusiedeln. Das Baltikum sollte der Sowjetunion zugeschlagen werden. So erkaufte sich Nazi-Deutschland die sowjetische Zustimmung zum Überfall auf Polen.

MARITA: Der Terminkalender meines Vaters war voll. Er reiste von Erfolg zu Erfolg.
In Berlin, in der Joachim-Friedrichstraße 6, hatte meine Mutter eine Wohnung gefunden und mich und Babu nachgeholt. Gerade noch rechtzeitig, denn nach dem deutschen Überfall auf Polen sollten 9000 Menschen ausgeschifft und in Pommern angesiedelt werden.

„Der lustige Dichter-Komponist am Flügel.
Das singende Schnell-Sprech-Phänomen.
Der humorige Vortragskünstler.
Der Schauspieler mit den köstlichen Blödeleien.
Und immer wieder: Noch 'n Gedicht."

1939/40 tourte Heinz Erhardt als Pianist im Ensemble der Tänzerin La Jana durch ganz Deutschland.

Pappi schrieb: So weit ernährten die ersten Erfolge des jungen Vaters die Familie, wenn auch große Sprünge noch nicht drin waren.

Als meine Frau und ich auf dem Kurfürstendamm sehnsüchtig vor einem blinkenden Auto standen, fragte ich wehmütig: „Wenn wir den hätten, was würde uns dann noch fehlen?" Meine Frau meinte messerscharf: „Das Benzin."

Aus einem Brief an Gilda vom 7.11.39:

Nun ist mein Koffer wieder gepackt, denn um 3 Uhr geht es weiter, diesmal mit dem Autobus. Wir haben ein paar Liter Benzin gekriegt, deshalb geht es.

Gestern musste ich meine Fleisch- und Brotmarken umtauschen. Wie ich da aber in der Reihe stehe, kommt ein Herr auf mich zu und fragt mich, ob ich Herr Erhardt wäre. Als ich bejahte, bat er mich in sein Privatkontor (Er war der Oberste im Ernährungsamt) und machte mir schmeichelhafte Komplimente über den gestrigen Abend. Nach 2½ Minuten hatte ich sämtliche Karten. Stolz schritt ich an meinen wartenden Kollegen vorbei ins Hotel.

Ab 17. soll ich ja zu La Jana. Schreibe mir bitte so, dass du die übernächste Adresse nimmst, da die Briefe jetzt immer länger unterwegs sind.

MARITA: Die Presseberichte zeigen sehr schön, dass Pappi, wo er hinkam, mit seinen Auftritten das Publikum begeisterte. So schrieb die Kölner Presse anlässlich der vielbeachteten La-Jana-Tournee, mit der Heinz Erhardt durch Deutschland reiste: „*Der Mann am Flügel, der alles*

selbst dichtet, komponiert, singt und begleitet, der fabelhafte Schnellsprecher und Schauspieler mit den köstlichen Blödeleien am Klavier."
In Köln wurde am 30. Januar 1939 berichtet: „Blühender Blödsinn im Frack, dämlich-grotesk. Seine naive Manier, Gedichte zu zersingen, Relativsätze durchzuleiern, Buchstaben und Verben nachzuschleppen, zu schüttelreimen und mit blinkendem Gebiss aus dem bizarren Gehege seiner Verszeilen hervorzublecken, ist von überwältigender Wirkung."

Aus Briefen an Gilda November 1939:
Diesen Brief wirst Du ja wohl erst an Deinem Reisetag erhalten.
Fahre also ab Charlottenburg. Nimm die 2. Klasse, da die Züge immer sehr voll sind. Rauche nicht im „Nichtraucher" – das kostet 2 Mark; lehne Dich nicht aus dem Fenster – das kostet Deinen Kopf und steig nicht in den falschen Zug.
...
Ich freue mich sehr über Deinen Volksempfänger, da wirst Du wohl die gestrige Führer-Rede gehört haben.
...
In Zwickau habe ich mich reichlich mit Wäsche eingedeckt, leider waren Frackhemden nicht zu bekommen. Schicke mir bitte unbedingt ein solches nach.
...
Die La-Jana-Tournee läuft hervorragend.
Gestern hatte ich einen minutenlangen Auftrittsapplaus, der sich zum Schluss zum Orkan steigerte.

MARITA: Die Tournee im Beiprogramm der Tänzerin La Jana bot meinem Vater die Gelegenheit, seinen eigenen Stil zu finden. Die Presse schrieb: „Heinz Erhardt, unlängst kam er mit La Jana in den Kaiserhof und bewies den Gästen, mit welcher Leuchtstärke ein Trabant oft seinen Fixstern zu überstrahlen vermag! Die sture Vertrottelung, mit der er in der Partitur der deutschen Grammatik umherhackt, die groteske Hartnäckigkeit, mit der er seine naiven Reime zwischen Notenköpfe

zwängt, die mimische Unterstreichung seiner Hingabe an den Geist des blühenden Blödsinns machen seine brillanten Albernheiten am Flügel zu einem begeisternden kabarettistischen Erlebnis. Die Lieder vom Muselmann und Fräulein Mabel sind unvergleichliche Biestereien."

Es war einmal ein Muselmann,
der trank sich einen Dusel an,
wann immer er nur kunnt.
Er rief dann stets das Muselweib,
wo es denn mit dem Fusel bleibt,
denn Durst ist nicht gesund.
Und brachte sie die Pulle rein,
gefüllt mit süßem Muselwein,
dann trank er und trank er,
hin sank er als Kranker,
bis Gott sei Dank er
unterm Tisch verschwund.
So'n Hund!

Salzburger Landeszeitung: „Heinz Erhardt betritt das Podium und der Saal wackelt vor Lachen. Aber er verzieht keine Miene und nimmt sich selbst sehr ernst, denn er dichtet selbst, komponiert selbst, singt selbst und begleitet sich selbst. Wenn er in seiner köstlich-komischen Art sein ‚Nashorn' vorträgt, dann glaubt man fast, einen Christian Morgenstern vor sich zu haben."

Ein Nasshorn und ein Trockenhorn
spazieren durch die Wüste,
da stolperte das Trockenhorn,
und's Nasshorn sagte: „Siehste!"

Deister-Weser-Zeitung: „Die Besonderheit seines Könnens erhellt sich schon daraus, dass es ganz unmöglich ist, ihn auf einen geläufigen Begriff festzulegen. Man sagt, dass sich in seinen Darbietungen Morgensternsche, Igelhoffsche und Rühmannsche Elemente mischen.
Aber ganz abgesehen davon, dass ein Vergleich schon immer eine gewisse Negierung enthält, können auch diese drei, aus so verschiedenen Bezirken des Humors kommenden, Namen keine Vorstellung von der eigenwüchsigen Begabung Erhardts vermitteln."

Was wär ein Apfel ohne -sine,
was wären Häute ohne Schleim,
was wär die Vita ohne -mine,
was wär'n Gedichte ohne Reim?
Was wär das E ohne die -lipse,
was wär veränder ohne -lich,
was wären Kragen ohne Schlipse,
und was wär ich bloß ohne dich?

Aus einem Brief an Gilda:
In dem gottverdammten Brix habe ich wenigstens eine Freude gehabt, und das war Dein Brief. Denn kannst Du Dir das vorstellen? Ein noch nicht mal halbvoller Saal bei La Jana? Das war hier der Fall! Die Leute haben noch nicht mal gelacht, die paar, die da waren.

Gildas Mutter „Babu"

Gilda mit der ersten Tochter Grit

Es ist überhaupt schauerlich, wie trostlos das Sudetenland ist; d. h. landschaftlich wunderschön die Leute aber stehen auf ganz geringer Kulturstufe, weil die Tschechen jedes Eigenleben der Deutschen unterdrücken.

Also, Willy Schaeffers scheint ja eine Heidenangst zu haben, mich zu verlieren. Ich werde ihm ein paar nette Zeilen schreiben, aber nicht von hier; damit er nicht sieht, in was für Nestern ich arbeite.

…

Ich werde ihm schreiben, dass ich ihm treu bleibe, denn er war schließlich immer anständig zu mir. In den nächsten Tagen schicke ich wieder etwas Geld.

Also, viele Musus Dir, Gigi und Mammi

Aus einem Brief an Gilda:
Ich sitze hier und trinke echten Bohnenkaffee! Dabei denke ich an Dich und gebe Dir in Gedanken ein dickes Musu. Gib ein solches auch Gigi auf das kranke Knie und sage ihr, dass das die süßeste Medizin von Pappi wäre.
Und Mammi gib auch ein Musu, aber nicht aufs Knie – und sage ihr, dass sie eine prächtige Schwegermutter ist.
Und Gigi soll nicht so viel „Pappis Schlager" singen, sie bekommt sonst einen schlechten Geschmack.

1941 – ICH ZOG AUS, DENN MAN ZOG MICH EIN

VERENA: Im zweiten Kriegsjahr 1940 wurde ich in Hohensalza bei Posen im besetzten Polen geboren. Hier lebte die gut situierte Verwandtschaft der Zanettis.
Auf dem Gut meiner Tante wollte meine Mutter ihr zweites Kind in sicheren Verhältnissen zur Welt bringen.
Mein Vater hatte ein Engagement am Kabarett der Komiker. Deutschland selbst blieb noch von Kampfhandlungen verschont, aber Ende 1941 bekam er Post von der Wehrmacht.

Am 16. November 1941 zog ich aus, denn man zog mich ein. Eigentlich sollte ich schon im September einrücken, aber es gelang mir, wieder auszurücken – und das kam so: Als der Gestellungsbefehl mit der ersten Post eintraf, ging ich unbehenden Fußes zum zuständigen Wehrbezirkskommando in Berlin-Halensee.
Man fragte mich, ob ich Tiere möge. „Natürlich", sagte ich – „hauptsächlich Katzen und Hunde".
Und wie es mit Pferden sei? „Aber sicher", antwortete ich unsicher, denn mit Pferden hatte ich bislang nichts zu tun gehabt. „Gut, dann also zur bespannten Artillerie nach Küstrin!"
An einem herrlichen Septembertag morgens um fünf nahm ich Abschied von Weib und Kindern, dann mein Pappköfferchen, darauf mich zusammen und schlich mannhaft zur Eisenbahn.

Je näher der befohlene Versammlungsplatz heranrückte, desto mehr Väter, Mütter, Schwestern, Brüder, Bräute und Ehefrauen stiegen in Begleitung ihrer einrückenden Helden zu. Wir mussten richtig zusammenrücken.
Mit dem Pappkarton und mehreren Klößen im Hals betrat ich betreten den bewussten Platz; und schon wurde ich von einem Wald- und Wiesenwebel – es kann auch ein Feldwebel gewesen sein – angeschrien, wo ich denn hinwolle. Erst zuckte ich am ganzen Körper, dann bloß mit der Schulter und zeigte ihm die Einladung, die mit den Worten begann: Sie haben sich usw. usw. …
„Der große Haufen da rechts!", brüllte der Webel und ich wankte davon.
Da ich von Zuhause recht schüchtern bin, stellte ich mich ganz bescheiden ans äußerste Ende des Haufens und wartete.
Plötzlich stand wie aus dem Boden gestampft ein Leutnant vor uns und befahl: „Abzählen!" Das klappte eigentlich ganz nett, bloß die Nummer dreizehn war abergläubisch und rief „Zwölf A !" Ich war der Dreiundsiebzigste und, wie gesagt, der Letzte.
Kaum hatte ich meine Zahl heraus, als der Leutnant rief: „Die letzten drei wegtreten! Ich brauche nur siebzig!"

Wie ich nach Hause kam, weiß ich nicht mehr, ich weiß nur, dass ich zum ersten Mal in meinem Leben einen Handstand machte, der sogar auf Anhieb gelang. Gilda sah mich lange an – erst ent-, dann begeistert.

Aber schon im Oktober kam der nächste Gestellungsbefehl – diesmal mit der zweiten Post.

Und wieder begab ich mich zum Wehrbezirkskommando mit dem festen Vorsatz, Pferde, ja auch Hunde und Katzen, völlig abzulehnen.

„Treiben Sie Sport?", lautete diesmal die Frage. Schlau, wie ich nun mal bin, antwortete ich: „Nein, überhaupt nicht!" „Können Sie Rad fahren?" Nun, das war meine große Leidenschaft, also sagte ich: „Jawoll."

„Schön, dann kommen Sie zu den Radfahrern nach Brandenburg!"

Mir war auch nicht viel wohler als das erste Mal.

VERENA: Wieder war es fünf Uhr morgens, als Pappi mit der Pappschachtel loszuckelte. Diesmal mit der U-Bahn.

Ein riesiger Kasernenhof verschluckte mich, aber – und das war mir fremd – kein Dienstgrad schrie mich an. Im Gegenteil. Man fragte mich freundlich, wohin es mich zöge, worauf ich den bekannten Schein vorwies. „Nach links bitte, da wo der kleine Haufen steht!" Aha, dachte ich beim Anblick der paar Radfahrer, es scheint doch nicht so viele davon zu geben, wie allgemein behauptet wird. Ich gesellte mich also zu ihnen.

Plötzlich steuerte ein Offizier auf uns zu und musterte uns leutseligen Auges. Als sein Auge – ich glaube, es war das rechte, auf mir zu ruhen geruhte, stutzte er und trat auf mich zu: „Sind Sie nicht der Klavierhumorist, über den ich noch gestern im Kabarett der Komiker so herzlich gelacht habe?"

„Jawohl!", erwiderte ich, so gut es mir die Klöße im Hals gestatteten.

„Machen Sie, dass sie wegkommen!", flüsterte er mir zu, drehte sich um und ging.

Und ich auch.

Was heißt, ich ging? Ich rannte und rannte – selbst ein Radfahrer hätte Mühe gehabt, mich einzuholen. Ausgerechnet am 11.11. musste ich wieder zum Wehrbezirkskommando. „Diesmal aber", sprach ich zu mir, „bist du nicht so dumm! Weder kannst du Rad fahren noch bist du tierlieb, kurz, du kannst gar nichts!"
Der Wehrbezirkskommandant begrüßte mich, als seien wir Freunde: „Na, mein Lieber, hat es das letzte Mal wieder nicht geklappt?
„Nein, leider."
„Nun, man hört ja so allerhand von Ihnen. Kabarett der Komiker und so! Was machen Sie da eigentlich?"
„Ich singe Chansons und begleite mich selbst am Klavier."
„So, Sie können Klavier spielen? Das ist ja großartig! Das Musikkorps der Kriegsmarine in Stralsund sucht einen Klavierspieler. Für was sie den brauchen, weiß ich nicht. Die werden doch nicht, wenn sie durch die Stadt marschieren, ein Klavier vorneweg schieben? Hätten Sie Lust?" – So kam ich als Nichtschwimmer und Brillenträger zur Marine.
Gilda blieb mit unseren beiden Töchtern und ihrer Mutter in Hohensalza. Ich war in Stralsund stationiert."

Aus Briefen an Gilda im November 1941:

Obgleich ich mich so schlecht konzentrieren kann, weil hier ein solcher Krach in der Bude herrscht, will ich Dir endlich berichten, wie es mir geht. Also ... hätte ich geahnt, dass das so ist, Soldat zu sein, dann hätte ich, weiß Gott, nicht solche Angst gehabt. Ich muss sagen, ich fühle mich sauwohl! Allerdings habe ich auch ein bisschen Schwein gehabt, doch davon später.

Nun will ich Dir erst mal erzählen, was ich nun geworden bin: Matrose Heinz Erhardt – Musiker für Küste und Land. Laufbahn: Obermusikmeister.

(...)

Also aufs Schiff komme ich nicht, da brauchst Du keine Angst zu haben. Und wenn ich Urlaub habe, komme ich als Matrose. (Lach nicht!) Ich werde hier behandelt – auch beim Drill – wie eine Weltberühmtheit. Und weißt Du, was daran schuld ist? Das La-Jana-Programm und die Bilder von der hübschen Tänzerin. Alle Unteroffiziere, Feldwebel und sogar der Leutnant haben sich alles zeigen lassen.

(...)

Sonst ist der Dienst bis jetzt sehr einfach gewesen: Um 6 Uhr aufstehen, frühstücken (Kaffee ohne Milch und Zucker, Brot, Butter, Margarine oder Schmalz), um 7 Uhr 30: Antreten zum Appell – dann geht's wieder auf Stube 81. Wenn wir dann ungefähr zwei Stunden herumgesessen haben, geht's zur Musterung. Dann wieder auf Stube 81. Um 12 Uhr 30 Mittagessen (Suppe, Kartoffeln, Soße, Fleisch: Ausgezeichnet). Nachmittags ein

bisschen Übung. Und um 6 Uhr Abendbrot (Brot, Butter, Margarine, Marmelade, Fischkonserven, Wurst, Quark und Tee). Um 10 Uhr liegt alles in der Koje und pennt. Du siehst also, es lässt sich ertragen.
(...)
Die Musikprüfung habe ich glänzend bestanden, obgleich ich doch so schlecht von Blatt lese. Aber die Sachen, die ich spielen musste: „Nimm mich mit" und „Dein ist mein ganzes Herz" habe ich mit solchem Elan hingelegt, dass der Obermusikmeister ganz begeistert war, mir auf die Schulter klopfte und mich fragte, wieso ich eigentlich hier sei!
Demnächst findet ein großes Kompaniefest statt und mir ist die Programmgestaltung übertragen worden. Deshalb bitte ich Dich, mir den Ritter Kunibert zu schicken. Er liegt in meiner Notenmappe in der Schublade, wo auch die Kritiken sind.

> **Es war einmal ein altes Schloss.**
> **Und Kunibert so hieß der Boss.**
> **Er hatte Mägde, hatte Knechte**
> **und eine Frau – das war das Schlechte!**
>
> **Ihr Mund war breit, ihr Hals war lang,**
> **und es klangt schrecklich, wenn sie sang.**
> **Da zielte er mit Korn und Kimme**
> **und Wut auf sie – das war das Schlimme!**
>
> **Es machte bumm! – Natürlich lauter!**
> **Dann fiel sie um – zum Himmel schaut er**
> **und spricht, das Auge voll Gewässer:**
> **„Vielleicht singt sie da oben besser?"**

Aus Briefen an Gilda:

Heute sollte es nach Riga gehen!!!! Stattdessen sitzt man eingemauert in Stube 81 mit neun anderen und döst. Wenn mich wenigstens mal – bitte, sei nicht eifersüchtig – die Muse küssen würde. Aber nicht mal sie hat Lust, eine Kaserne zu betreten.
(...)
Wie ich Dir schon mitteilte, bin ich mit allen Musikern zur 3. Kompanie übergesiedelt. Und hier hat auch der rechte Drill angefangen: Schuhputzen, Fegen, Bettmachen, Scheißhaus reinigen – alles muss ich machen und bin dabei auch noch guter Dinge. Hier einige gesammelte Seemannsausdrücke:
Leute mit abstehenden Ohren – klar zum Segeln;
Sie Scheißhauslurch; Sie dämlicher Bock; Sie Giftzahn;
Sie vollgestopfte Seemanspfeife usw. usw.
Wenn wir schlafen gehen sollen, heißt es dann:
Pfeifen und Lunten aus; rein Schiff und Ruhe im Schiff, obgleich wir gar nicht auf einem Schiff sind.
Manchmal ist das alles furchtbar komisch.
(...)
In Eile noch ein paar Zeilen. Ich darf nämlich nicht mehr schreiben. Alle wissen schon, wohin sie kommen, nur ich noch nicht. Gestern hatten wir Besichtigung. Damit endet unsere Ausbildung und wir sind nun richtige Soldaten. Nach der Besichtigung musste ich mich ins Bett legen, da mein Herzchen wieder Schwierigkeiten machte. Heute ist es schon besser.
(...)

Gestern kam ein Brief von Schaeffers, in dem er schreibt, er habe wieder Arbeitsurlaub für mich eingereicht. Nun bin ich gespannt, wie die Herren sich dazu stellen werden. Ach, wäre das herrlich, mal wieder auf der Bühne zu stehen. D.h. hier stehe ich auch oft auf einer Bühne, aber dann nur ganz hinten und hinter der großen Trommel versteckt.

(...)

Kommenden Montag haben wir großes Konzert mit HJ- und BDM-Chor und nun proben wir von morgens bis abends. Allmählich habe ich mit meinem neuen Instrument Freundschaft geschlossen, wenn man da auch nicht so viele Möglichkeiten wie beim Klavier hat. Die Hauptsache ist immer: laut, laut und nochmals laut. Nach Schluss der Probe summt es in meinen Ohren, als hätte ich die ganze Zeit neben einer feuernden Kanone gestanden. Damit Du siehst, dass ich trotzdem noch Sinn für die holde Dichtkunst habe, folgt hier mein neuestes „Kind" (natürlich wieder auf dem Lokus entstanden):

> **Gedanken an Pommern.**
>
> **Wie wär die Welt so wunderbar,**
> **umspült vom blauen Meere,**
> **wenn diese Welt, wie's einstmals war,**
> **ganz ohne Menschen wäre.**
> **Dann gäb's kein Hoffen, kein Verzicht,**
> **kein Hassen und kein Morden –**
> **dann wär bestimmt auch dies Gedicht**
> **nicht hingeschrieben worden.**

Gestern tingelte ich in der 7.!!!! Ganz groß – und die Hauptsache: Der Regimentskommandeur war von mir begeistert. Er schüttelte mir die Hand und sagte, das sei endlich mal richtiger Humor, der von Herzen geht und zu Herzen kommt.

> **Dies Lied hat keinen ersten Vers,**
> **drum sing ich gleich den zweiten,**
> **d.h.: Ich singe ihn nicht nur,**
> **ich muss ihn auch begleiten.**
>
> **Ich mach auf dem Klavier bumm – bumm**
> **und greif auch mal daneben;**
> **ich kann ja nichts dafür,**
> **denn oft vergreift man sich im Leben.**

Heute erhielt ich auch die 20 Mark mit Mamas Brief. Ich nahm das Geld und kehrte in die Stube zurück. Die 20 Mark waren verschwunden. Ich suchte und suchte und fand sie nicht. Schließlich ging ich zum UvD und meldete den Verlust. Der ließ die ganze Kompanie antreten und forderte denjenigen, der das Geld geklaut hat, auf, sich zu melden. Natürlich meldete sich keiner.

Es konnte sich auch keiner melden, weil ich nachher das Geld im Dreckeimer fand. Ich hatte es versehentlich mit Mamas Briefumschlag weggeworfen.

Morgen muss ich helfen, neue Rekruten einzustellen. Da sitze ich von morgens bis abends an der Schreibmaschine. Das ist ganz gut, dann bleibt man in Übung. Allerdings geht der Dienst bis in die Nacht. Aber was tut man schließlich nicht alles fürs Vaterland.

Auf der nächsten Seite findest Du mal wieder ein neues Gedicht – diesmal ein echter Erhardt!

> *Der verstimmte Elefant*
>
> *Jede Mücke hat den kleinen*
> *Rüssel, der so oft und gerne sticht.*
> *Auch der Elefant hat einen,*
> *aber stechen kann er damit nicht.*
> *Deshalb ist auch dieser Riese*
> *leider immer irgendwie verstimmt,*
> *grade so, als ob er diese Schwäche*
> *seinem Schöpfer übel nimmt.*

MARITA: Mein Vater war inzwischen zur Truppenbetreuung abkommandiert worden und reiste von Einheit zu Einheit.

Aus Briefen an Gilda, Anfang 1943:
Wenn man so in der Fremde ist, weiß man erst, was einem eine Familie bedeuten kann. Ich hoffe, dass es Dir rechtzeitig gelingen wird, in Deine Klinik zu kommen. Der Gedanke, dass Du Dich vielleicht wirst quälen müssen, ist schwer für mich.
Wenn aber Bu'chen erst da ist, wird alles wieder gut. Sollte es aber wieder eine Dame werden, so macht das auch nichts – dann haben wir das Dreimädelhaus voll. Dann muss aber unbedingt das nächste (oh, oh!) ein Bu' werden.
(...)

Gestern Abend kam das neue Gesetz durch, dass alle nicht kriegswichtigen Unternehmen geschlossen werden. Ich bin gespannt, ob Schaeffers seinen Laden auch zumachen muss. Eigentlich bin ich glücklich, dass Du so viele Kinder geboren hast, denn sonst müsstest Du wahrscheinlich auch Granaten drehen.
(...)
Wann kommt endlich der Tag, an dem ich erfahre, was es denn nun geworden ist? Und wie viel! Es ist verdammt schwer Vater zu sein und wieder einer zu werden.
(...)
Die Leningrader Front ist eben völlig ruhig, sodass wir unseren Einsatz weiter ostwärts haben, als eigentlich vorgesehen war. Das einzig Unangenehme ist, dass sich die Tournee immer mehr in die Länge zieht. Aber schließlich ist man ja Soldat und muss dankbar sein, dass es einem noch so gut geht.
Nach der Katastrophe von Stalingrad ist man seinem Schicksal doppelt dankbar.
Unser Gepäck ist bereits im Bus. Morgen früh geht es nach Ust-Luga, also richtiges russisches Gebiet. Wir werden von den dortigen Soldaten schon sehnsüchtig erwartet.

Der Frontsoldat ist ein ganz anderer Mensch, als der in der Heimat. Viel aufgeschlossener, aber auch viel ernster. Sie bringen sich fast vor Begeisterung um. Neulich haben sie mich sogar auf den Schultern durch den Saal getragen. Das war mir direkt peinlich – vor meinen Kollegen.

(...)

Gestern habe ich – bitte verzeih mir! – Schlagsahne gegessen. Denke Dir, echte Schlagsahne mit Schokoladenplätzchen. Da musste ich ganz besonders stark an Dich denken. Nun, ich habe Deine Portion mit aufgegessen. Dafür habe ich aber etwas in meinem Koffer, das ich wie meinen Augapfel hüte: Oelsardinen! Echte portugiesische. Wenn ich die Möglichkeit habe, so schicke ich sie Dir; eben ist allerdings Päckchen-Sperre. Lieber bringe ich sie Dir persönlich, damit ich Dein Gesicht beobachten kann, wenn Du sie isst.

(...)

Neuerdings haben wir sogar ein Klavier im Autobus, das wir immer dort ausladen, wo es keins gibt. Da Du wahrscheinlich vergessen hast, wie ich aussehe, sende ich Dir ein Foto mit meinen Kollegen.

(...)

Die abgebildete Bühne ist eine Sehenswürdigkeit – ganz aus Birke erbaut und mit elektrischem Licht. Letzteres gibt es hier fast überhaupt nicht mehr. Entweder spielen wir bei Kerzenlicht oder Karbid-Lampen. Unsere Vorstellungen beginnen meistens bei Tageslicht. Da ich die letzte Nummer bin, stehe ich oft im Dunkeln auf der Bühne.

(...)

Endlich !!!!! – Eben erhielt ich die Nachricht, dass Bu am 17. Februar 1943 zur Welt kam und Mutter und Kind gesund sind. Und soll er Gero heißen? Gut, soll er so heißen. Wenn er nur nicht solche Plattfüße hat, wie ich; das ist meine größte Sorge. Verzeih, dass ich so einen Quatsch schreibe, aber ich bin völlig dumm vor Freude.

*Kinder haben es so leicht,
haben keine Sorgen,
denken nur, was mach ich jetzt,
nicht, was mach ich morgen.
Kinder haben es so leicht,
naschen aus der Tüte,
glauben an den lieben Gott
und an dessen Güte.
Kinder haben es so schwer,
müssen Händchen geben –
und auf dieser blöden Welt
noch so lange leben.*

Aus Briefen an Gilda, Frühjahr 1943:

Allmählich ist es so weit, dass ich das Glück, das uns das Schicksal bescherte, begriffen habe. Wie Du Dich vielleicht erinnern kannst, war ich früher sehr gegen Kinder eingestellt, was wohl daran lag, dass ich damals noch zu jung war, um so was verstehen zu können. Nun aber bin ich glücklich, sehr glücklich. Unseren Sohn wollen wir mit Güte aufziehen und ihn ordentlich was lernen lassen, damit er es mal im Leben weit bringt und etwas wird – und sei es nur ein Künstler! Hast Du schon bemerkt, ob er musikalisch ist und dichten kann? Gott, ich bin so schrecklich neugierig.

(...)

Verena, Gero und Grit

Eigentlich sollte ich Dir das gar nicht schreiben, dass wir so weit vorne an der Front sind. Es ist schon ein komisches Gefühl, wenn man auf der Bühne steht, das „Blümchen" aufsagt und es in der Ferne bumsen hört.

> *Im Walde ist ein Plätzchen,*
> *ein Plätzchen wunderschön.*
> *Beim Plätzchen steht ein Bänkchen,*
> *das möcht ich wiedersehn.*
>
> *Beim Bänkchen wächst ein Blümchen,*
> *ein Blümchen, weiß und rot,*
> *das möcht' ich gerne pflücken;*
> *denn morgen ist es tot.*
>
> *Ich will's ins Wasser legen,*
> *bis dass es fast ertrinkt,*
> *und es so lange hegen,*
> *bis Mutti sagt: „Es stinkt!"*

Gestern waren wir in Petersburg. Es weht einen ein ganz seltsamer Hauch an, wenn man vor zwei Straßenbahnwagen steht, die offensichtlich getroffen wurden, als sie in die 4 km entfernte Stadt fahren wollten.
Außerdem besichtigten wir den Salonwagen vom letzten Zaren, in dem er seinerzeit abdankte. Von der Einrichtung ist allerdings nicht mehr viel übrig geblieben.
Ich bin neugierig, wie es in der Heimat aussieht. Es ist schade, dass ich keine Berliner Zeitung in die Finger kriege und nicht weiß, was noch in Betrieb ist und was nicht.
(...)
Nun befinde ich mich wieder im alten Estland und habe der bösen Front den Rücken gekehrt. Im richtigen Moment. Denn gerade heute, wie Du im

Wehrmachtsbericht lesen kannst, begann die große Schlacht, bei der viele Soldaten auf der Strecke blieben. Es ist also damit zu rechnen, dass Petersburg bald fallen wird. Unser Tourneeplan liegt wie folgt vor: Hungerburg, Narwa, Aser, dann die Insel Tütarsaan. Anschließend Reval, von wo wir versuchen wollen, auf Urlaub zu fahren. Es ist also sehr wahrscheinlich, dass ich zwischen Mitte und Ende März endlich einmal wieder nach Berlin komme. Dann werden wir drei schöne Wochen verleben ohne „schlechte Laune" und ohne „dreistündigen Mittagsschlaf!!"

*Es ist nutzlos, wenn ich schilder,
was ich so am Abend treibe,
denn die beigefügten Bilder
zeigen, wo ich abends bleibe.*

*Auf der Bühne steh ich nämlich,
mal zu zwein und mal als Beter,
und mein Antlitz ist recht dämlich -
als ein Erbteil meiner Väter.*

*Und das Volk auf seinen Stühlen –
stolz auf seine Geistesgabe –
ist gefühllos den Gefühlen
gegenüber, die ich habe.*

*Immer lacht's an falschen Stellen,
was mir häufig schon passierte,
abgesehen von den Fällen,
wo es richtig reagierte.*

*Nutzlos ist es also, Blitze,
die der Geist gebar, zu spenden.
Nutzlos ist es wirklich, Gutes
wohldurchdacht und gut zu bringen;
doch was soll man tun? Man tut es –
mal mit Sprechen, mal mit Singen.*

Es ist direkt toll, was die Soldaten hier zu essen kriegen: Gebratene Hähnchen, Ölsardinen, Gänseleberpastete usw. Allerdings nur die Marine, die Infanterie ist schlechter dran.
Hab ich wieder ein Schwein gehabt, ich Schwein!
(...)
Ich sitze bei jeder Gelegenheit in der Sauna, um ordentlich zu schwitzen, damit mein Fett weniger wird. Ich habe direkt Angst, vor Dich hinzutreten. Aber Cäsar sagte ja schon: „Lasst dicke Männer um mich sein!" – Weil sie gemütlich sind.
(...)
Es kann doch möglich sein, dass wir uns früher wiedersehen, als gedacht; denn erstens wird in den nächsten Tagen die Urlaubssperre aufgehoben und zweitens ist von Kiel aus der Urlaub bereits genehmigt. Übrigens war ich in den letzten Tagen sehr fruchtbar. Ich habe sechs wunderbare Gedichte, viel reifere und bessere als früher, gemacht. Ich bin sehr glücklich, dass mir wieder was einfällt.

Der Geiger

Unterm Arm die Violine,
auf dem Haupte Brillantine,
so besteigt mit ernster Miene
er die kunstdurchseuchte Bühne.
Mit den Haaren von dem Pferde
streicht er, weit entrückt der Erde,
voll Gefühl und Herzenswärme
über straff gespannte Därme.
Und der Lauscher dieser Handlung
denkt, infolge innrer Wandlung,
an die Pfoten grauer Katzen:
Auch ein Geiger kann gut kratzen!

Es ruhn fast alle Räder.
Der Tag verging, wie jeder,
als Glied in einer Kette.
Ich höre Eulen singen
und sehne mich nach Dingen,
die ich so gerne hätte.
Und von dem vielen Sehnen
bekomme ich das Gähnen – – –
gut Nacht, ich geh zu Bette.

Abendlied

Die Nacht bedeckt die Dächer,
und in dem Aschenbecher
verlöscht die Zigarette.

Die Tänzerin

Erst tanzt sie nach rechts, dann tanzt sie nach links,
dann bleibt sie in der Mitte.
Dann tanzt sie nach links und wieder nach rechts,
sie hat so ihre Schritte.
Dann hebt sie den Arm, dann senkt sie das Haupt,
voll Schmerz sind ihre Züge.
Dann hebt sie das Haupt, dann senkt sie den Arm,
sie tanzt „Die fromme Lüge".
Dann geht sie zurück und dann geht sie vor,
sehr schön ist dieser Vorgang.
Dann reißt sie sich hoch und dann fällt sie hin
und dann fällt auch der Vorhang.

In vier Zeilen

Wenn die Opern dich umbrausen
mit Getön,
dann genieße auch die Pausen:
Sie sind schön.

Ich finde solche, die von ihrem Geld erzählen,
und solche, die mit ihrem Geiste protzen,
und solche, die erst beten und dann stehlen,
ich finde solche, Sie verzeihn, zum Kotzen.

Voller Sanftmut sind die Mienen
und voll Güte ist die Seele,
sie sind stets bereit zu dienen,
deshalb nennt man sie Kamele.

Heute haben wir uns, auf Befehl von Kiel, auf Tauglichkeit untersuchen lassen müssen. Wahrscheinlich will man die gesunden und jüngeren Jahrgänge herausziehen und aufs U-Boot stecken. Wir sind alle K.V. geschrieben worden. Mich werden hoffentlich die Augen, Ohren und die Plattfüße vor den Seefahrern bewahren.
(...)
Heute erhielt ich wieder ein liebes Briefchen von Dir, in dem Du schreibst, dass Bu sich gut entwickelt, aber auch viel schreit. Lass ihn ruhig schreien! Vielleicht wird er mal Feldwebel – und dann braucht er ein gutes Organ. Ich bin ja so neugierig auf meinen Sohn. Dass er aber 3 Tage vor meinem Geburtstag gekommen ist, werde ich ihm nie verzeihen. Denn er ist dadurch ein „Fisch", während ich „Wassermann" bin.
Allerdings sollen ja die „Fischmenschen" überaus begabt sein.
Das ist ein Trost!
(...)
Wenn ich komme, werde ich Dich mit Ölsardinen aufpäppeln! Ich habe zwei Dosen, echt portugiesische, im Koffer. Auch Zigaretten habe ich in genügender Anzahl mit, sodass wir beide uns mit Leichtigkeit eine Nikotinvergiftung zuziehen können. Nur mit Butter und Speck ist es Essig. Aber einen Rausch können wir uns mit bestem estnischen Wodka antrinken. Ist das nicht toll?
(...)
Am 4. April besteigen wir den Zug und werden am 5. in Berlin eintrudeln. Mein Gott, wird das schön – und wenn wir auch nur Pappfenster haben! Hoffentlich lässt der Tommy uns in Ruhe.

> *Auf dem Berge steht ein Häuschen,*
> *um das Häuschen ist ein Garten,*
> *und am Zaun vor diesem Garten*
> *war's wo wir den Hund verscharrten.*
>
> *Ach, er starb an einer Gräte,*
> *die im Hals beim Atmen störte,*
> *und die ja, genau genommen,*
> *da auch gar nicht hingehörte.*
> *Und nun stehe ich am Grabe,*
> *pflanz Vergissmeinnicht und bete.*
> *Von dem Kirchturm schlägt es sieben,*
> *von dem Schellfisch war die Gräte.*

Obgleich ich von der langen Fahrt müde wie ein Hund bin, muss ich Dir doch noch ein paar Zeilen schreiben. Es ist eben halb neun und meine Kameraden sind alle „an Land" gegangen, während ich in einem Schlafwagen(!) 2. Klasse sitze. Wir übernachten hier nämlich aus Mangel an anderen Quartieren.

> *Es hat der junge Dichter*
> *für heut genug gereimt,*
> *drum löscht er alle Lichter,*
> *legt sich ins Bett und träumt.*
> *Er träumt von einer Mauer,*
> *die ihm die Sicht verdirbt*
> *und dann von einem Bauer,*
> *in dem ein Vogel stirbt.*

Nun bin ich schon den dritten Tag in Dänemark. Durch die vielen neuen Eindrücke vergeht die Zeit sehr langsam, was ja auch kein Fehler ist; denn in einem Lande sein zu dürfen, das im tiefsten Frieden lebt, ist unsagbar schön. Wenn wir Deutschen – wie seltsamerweise überall – auch hier nicht sehr beliebt sind (das äußert sich besonders in den Manufakturläden, die erstens bereits bessere Ersatzstoffe führen und zweitens an uns so gut wie nichts verkaufen!), so sind doch die Dänen in einer Beziehung anständig – sie feinden uns nicht öffentlich an. Wir sind einfach Luft für sie! Ich werde meine Einkäufe erst in Kopenhagen tätigen. Gestern habe ich allerdings schon einen Einkauf getätigt: Sockenhalter!!! Nun kann ich die beiden Sicherheitsnadeln in das Kästchen tun.

Kannst Du Dir vorstellen, dass man an Geschäften vorbeigeht und in den Schaufenstern Tausende von Räucheraalen sieht? Und man sie ganz einfach kaufen kann.

Was ich schon für herrliche Läden für Dich gesehen habe! Das alles aber kaufe ich später, wenn ich genug Geld beisammen habe und wenn wir in billigere Gegenden – an der Ostküste – kommen werden.

(...)

Ich bin glücklich darüber, dass meine Gedichte wieder mal eingeschlagen haben, betrüblich ist es nur, dass sich nicht mal ein Verlag meldet, der meine Sachen drucken will. Ich habe so viele schöne neue Gedichte gemacht. Sie haben es wirklich verdient, in einem Buch zu erscheinen.

Bei Opa

Der Opa ist ein frommer Mann
und liest in seiner Bibel.
Die Oma schneidet nebenan
fürs Abendbrot die Zwiebel.
Der Opa ist ein frommer Mann
und weint ob seiner Sünden.
Auch Omama weint nebenan,
jedoch aus andern Gründen.

Der Berg

Hätte man sämtliche Berge der ganzen Welt
zusammengetragen und übereinander gestellt,
und wäre zu Füßen dieses Massivs
ein riesiges Meer, ein breites und tief's,
und stürzte dann unter Donnern und Blitzen
der Berg in dieses Meer – – – na, das würd spritzen!

Bilanz

Wir hatten manchen Weg zurückgelegt,
wir beide Hand in Hand.
Wir schufteten und schufen unentwegt
und bauten nie auf Sand.
Wir meisterten sofort, was uns erregt,
mit Herz und mit Verstand.
Wenn man sich das so richtig überlegt,
dann war das allerhand.

Weihnachten 1944.

Meine liebe Marita!

Du warst unser Sorgenkind, nun aber bist Du glücklicherweise über den Berg. Weil Du aber noch so klein bist und ich – im Gegensatz zu Deiner Mammi – noch nicht so recht weiss, was mit Dir anzufangen, beschränke ich mich darauf, Dir ein recht frohes Weihnachtsfest zu wünschen. Wenn Du grösser geworden bist und Dein Mäulchen zu plappern beginnt, werde ich Dir sicher mehr zu sagen haben.

In Gedanken nehme ich Dich ganz vorsichtig auf den Arm und gebe Dir, auch ganz vorsichtig, ein liebes Muss.

Dein Pappi.

Weihnachten 1944

Mein liebes Renzi!

Weil Dein Pappi zu Weihnachten nicht nach Hause kommen kann, was wirklich sehr traurig ist – denn Dein Pappi ist gern bei seinem Renzi –, schicke ich Dir in diesem Briefchen viele liebe süsse Muss.

Wenn die Lichter am Weihnachtsbaum brennen werden, dann wird immer mit seinen Gedanken bei Dir sein

Dein Pappi.

Weihnachten 1944.

Mein lieber Sohn!

Zum ersten Mal in meinem Leben benutze ich diese Anrede und muss sagen, dass sie mich mit Stolz erfüllt!

Du hast nun während meiner Abwesenheit von Zuhause die Pflicht, das männliche Geschlecht würdig zu vertreten und hoffe, dass es Dir gelingen wird, diese Aufgabe würdig zu vertreten. Denke immer daran, dass Du ein „Erhards" bist!

Dir ein erbauliches Weihnachten wünschend, grüsst Dich herzlich Dein stolzer Vater.

MARITA: Mein Vater wurde von Stralsund nach Kiel versetzt. Wo immer er auftrat, ließ er sein Publikum für Momente den furchtbaren Krieg vergessen. Im Mai 1944 kam ich in Hohensalza auf die Welt. Mein Vater bekam keinen Urlaub, um seine Frau und ihre nun vier Kinder zu besuchen. Kurz vor Weihnachten hatte die Ostfront Polen erreicht und die großen Flüchtlingsströme nach Westen setzten ein, aber auch Weihnachten bekam Pappi keinen Urlaub. So bekam jedes von uns Kindern einen Brief von ihm.

Weihnachten 1944, als ich keinen Urlaub bekam:

Wenn es in der Welt dezembert
und der Mond wie ein Kamenbert
gelblich rund, mit etwas Schimmel
angetan, am Winterhimmel
heimwärts zu den Seinen irrt
und der Tag stets kürzer wird –
sozusagen wird zum Kurztag –,
dann hat's Christkindlein Geburtstag!

Ach, wie ist man da vergnügt,
wenn man einen Urlaub kriegt.
Andrerseits, wie ist man traurig,
wenn es heißt: „Nein, da bedaur' ich!"
Also greift man dann entweder
zu dem Blei oder der Feder
und schreibt schleunigst auf Papier
ein Gedicht, wie dieses hier:

Weihnachten ist es geworden,
und der Wind bläst aus dem Norden
und hat Eis und Schnee gebracht.
Doch am Weihnachtsbaum die Kerzen,
die erwärmen uns're Herzen
und des Kindes Auge lacht.
Und man sieht auf den verschneiten
Straßen weiße Engel schreiten
durch die stille, heil'ge Nacht.

1945 – DER MANN AUF DEM PAPPKARTON

VERENA: Am 12. Januar 1945 begann der Rückzug der deutschen Truppen aus Polen. Meine Mutter, wir vier Kinder und Babu flüchteten nach Berlin. Wegen der Luftangriffe mussten wir weiter und kamen schließlich in ein Flüchtlingslager bei Plön in Holstein. Von hier wurden wir nach ein paar Tagen auf das Gut Rantzau bei Preetz gebracht.
Das Gut war völlig überfüllt, sodass wir mit einem Schweinestall vorliebnehmen mussten. Einen Vorteil hatte die neue Behausung. Wir waren in der Nähe von Kiel, wo unser Vater bei der Wehrbetreuung arbeitete.
Unsere Mutter marschierte die zwölf Kilometer von Gut Rantzau zur Tirpitzmole, um ihm die Nachricht von der glücklichen Ankunft der Familie zu bringen.

MARITA: Im Winter 1944 wurde die deutsche Niederlage immer gewisser. Bei Kriegsende ging mein Vater in englische Gefangenschaft. Ein knappes halbes Jahr später war er frei. Er ging zu Fuß von Kiel nach Preetz, setzte sich auf seinen Pappkarton und wartete auf dem Gutsplatz auf seine vielköpfige Familie, die hier irgendwo in einem der Ställe wohnte.
Ich entdeckte den Mann auf dem Pappkarton als Erste: „Bist Du das, Pappi?" Gigi und Verena ahnten, dass es unser Vater war. Die Familie war wieder glücklich vereint.

VERENA: Aus dieser Zeit stammt das kleine Heftchen, das mein Vater mir Weihnachten 1945 schenkte:

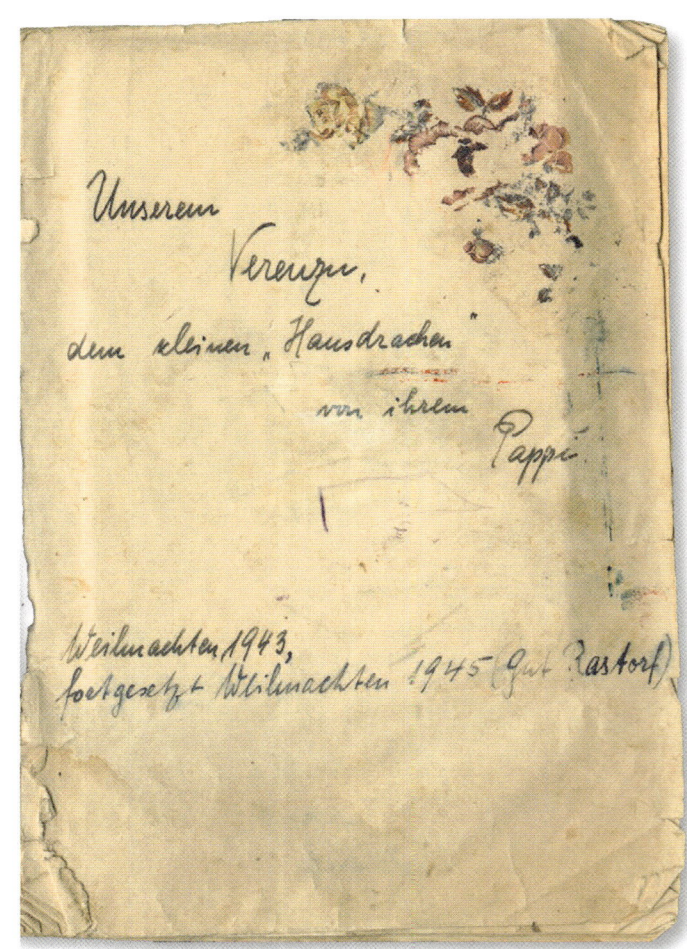

Unserem Verenzu,
dem kleinen „Hausdrachen"

Geklebt von Mammi,
gedichtet von Pappi.

Das kleine Mädelchen strickt Strümpfe,
der kleinen Entlein sind es fünfe,
der Knabe lutscht an der Banane,
die große Ente gleicht 'nem Schwane.

Vögel sitzen in den Zweigen,
tanzen einen bunten Reigen.
Mutti spielt mit ihrem Kinde
und das Höschen fliegt im Winde.

Hörst du wohl die Glocken klingen?
Hörst du auch das Mädchen singen?
Alles freut sich an dem Licht,
nur der Brummer freut sich nicht.

Es tanzt der Friedrich mit der Liese
auf dieser wunderschönen Wiese,
die beiden lachen und sind froh.
Wer Lust hat, mach' es ebenso!

Hänschen klein ging allein
in die weite Welt hinein,
ging bis zur nächsten Hecke.
Rechts am Wege sitzt ´ne Schnecke.

Den alleschönsten Blumenstrauß,
den bringen wir in unser Haus;
denn auch im dunklen Zimmer
braucht man den Frühling immer.

Gretelein ist eingeschlafen,
träumt von einem schönen Grafen,
nichts stört ihre holde Ruh,
nur das Rehlein schaut ihr zu.

Wir tanzen, tanzen, tanzen
und sind im großen Ganzen
vergnügt und froh und munter!
Wie kommt Klein-Heinz bloß runter?

Ringel-ringel Reihe,
wir sind der Kinder dreie,
mit Blumen wir uns zierten
und warten auf den vierten.

Schneemann, Schneemann mit dem Besen,
bist fürwahr ein armes Wesen,
stehst im Wind auf kalten Plätzen
und darfst dich nicht einmal setzen!

Das Mädchen singt, sich selbst begleitend.
Der Rabe, auf dem Aste reitend,
lauscht dem Gesang der Anneliese
und guckt total erstaunt auf diese.

Das Mädchen hat ein blaues Röckchen,
ein blaues Schleifchen und zwei Söckchen.
Der Bob, der hat ein rotes Band –
und was er kann, ist allerhand.

Blaue Blümchen bringt als Gabe
ihr zu Weihnachten der Knabe
und sie scheint erfreut zu sein
über diese Blümelein.

Die Kätzchen, die im Wagen liegen,
sollen jetzt die Flasche kriegen,
doch das eine zieht ein Mäulchen:
Lieber spielt es mit dem Knäulchen.

1945 – NEUBEGINN IN HAMBURG BEIM RADIO

Nein, wir hatten nichts zu rauchen.
Was da rauchte, waren Trümmer.
Und dann rauchten wir Machorka
und der Hunger wurde schlimmer.

VERENA: Am 29. April 1945 waren die letzten Bomben auf Hamburg gefallen. Zu den Gebäuden, die die schweren Luftangriffe fast unversehrt überstanden hatten, gehörte das Funkhaus an der Rothenbaumchaussee. Die neuen Herren waren Kontrolloffiziere. Erster Chef wurde Prince Lieven, ein Engländer baltischer Abstammung. Sie machten sich sofort an die Arbeit, um die Sendeanlage wieder

Das Funkhaus am Rothenbaum

Hamburg am 8. 4. 1945

in Betrieb zu nehmen. „This is Radio Hamburg, a station of the Allied Military Government", erklang es schon bald über den Rundfunk.

Ein Telegramm von Grethe Weiser rief meinen Vater nach Hamburg: „Bitte sofort kommen – stop- wichtige Inszenierung – stop".

Aus der wichtigen Inszenierung wurde nichts, aber es kam zu einer wichtigen Begegnung. Mein Vater traf den Conférencier Will Meyen, der ihn mit Verantwortlichen des NWDR zusammenbrachte. Daraus wurde die Sendereihe „So was Dummes", in der mein Vater und Will Meyen am Mikrophon alberten.

Der Hörfunk wurde schnell zum begehrtesten Medium. Die Kinos waren zerstört, die Presse erst im Aufbau und das

Fernsehen gab es noch nicht. So begann die Radiokarriere meines Vaters.

Dank seiner guten Kontakte zu den Engländern konnten wir im frostigen Winter 1946 nach Hamburg ziehen. Auf einem zugigen Planwagen ging es in den noblen Vorort Blankenese. Wir wurden in einer hochherrschaftlichen Villa zwangseingewiesen – zusammen mit einer anderen, vierköpfigen, Familie.

Die Eigentümer – ein kinderloses Ehepaar – waren über die unerwünschten Untermieter ganz und gar nicht erfreut. Und so gab es ständig Querelen: Mal wurden die Türen zu laut geschlossen; mal polterten wir auf dem Parkettboden; mal störte das Geräusch der WC-Spülung im Badezimmer. Dass man noch atmen durfte – aber nicht zu laut – grenzte an ein Wunder.

Diese ewigen Streitereien nahm mein Vater in seiner Sendung „Glosse der Woche" zum Anlass, den Hausbesitzer Herrn Struwe kräftig auf die Schippe zu nehmen: „Herr Strüwer kann keine Kinder leiden, hat einen Sonnenstich und sieht von Weitem wie ein richtiger Mensch aus."

Er bekam viel Post von Zuhörern, die ganz Ähnliches erlebt hatten. Und einen mit der Anklageschrift von Herrn Struwe. Die anschließende Gerichtsverhandlung benutzte mein Vater als Bühne: „Herr Struwe braucht den Namen Strüwer nicht auf sich zu beziehen. Ich habe den Namen nur gesteigert: Struwe, Strüwer, am strüwesten. Wenn ich das mit dem Namen Mai gemacht hätte, wäre die Steigerung: Mai, Maier, am meisten; und jeder Hauswirt mit dem Namen Mai könnte mich verklagen. Den Satz „Herr Strüwer sieht von Weitem wie ein richtiger Mensch aus"

nehme ich zurück. Herr Strüwer sieht von Weitem doch nicht wie ein richtiger Mensch aus!"

Mein Vater wurde zu 1000 Mark Geldstrafe verurteilt. Das war damals sehr viel Geld. Und die vier Kinder durchzubringen war schwer genug. Ganz zu schweigen von dem nun endgültig zerrütteten Verhältnis mit den Blankeneser Eigentümern.

1948 – UMZUG NACH WELLINGSBÜTTEL

Von Blankenese bis zum Funkhaus in der Rothenbaumchaussee fuhr ich mit der Straßenbahn zum Dammtor-Bahnhof. An einem Tag im Frühsommer unterhielten sich zwei Männer in der Bahn sehr lautstark, sodass ich nicht umhin kam, zuzuhören: „Wir wollen nach Amerika und unser kleines Haus in Wellingsbüttel vermieten. Am liebsten an einen Künstler."
Ich tippte dem Mann auf die Schulter und sagte: „Hier bin ich!"
Im Juli 1948 zogen wir nach Wellingsbüttel.
Sie ahnen es schon – mit Großmutter, Mutter, Töchtern und Sohn.

Ich bin ein König und lebe vom Applaus,
doch wenn der Vorhang fällt,
dann geh ich schnell nach Haus.
Ich weiß nicht, wussten sie das schon,
dass ich in Wellingsbüttel wohn'?
Dort bin ich König,
ich hab ein Stückchen Land;
und wenn der Sommer kommt,
bau ich ein Schloss aus Sand.
Dann spiel ich abends auch nicht mehr Theater;
ich bleib zu Haus, vier Kinder sagen zu mir Vater.
Vater????
Immer diese Ungewissheit,
immer diese Ungewissheit!

Unsere „Villa" in Wellingsbüttel war wirklich kein Schloss. Immerhin hatten wir einen Schlossgeist; das war unsere Untermieterin, die wir beim Einzug übernehmen mussten. Mit ihren schneeweißen Haaren schlich sie von morgens bis abends um uns herum.

MARITA: Ich muss sehr oft an den „Schlossgeist" denken, wegen dieser Geschichte: 1944, Pappi war im Krieg, hatte Mutti alle Hände voll zu tun, um uns Kinder durchzubringen. Ich war noch keine drei Monate alt, da bekam ich eine Virusinfektion, die einen Brechdurchfall zur Folge hatte. Ich drohte innerlich zu vertrocknen. Mutti wickelte mich in eine Decke und rannte ins nächste Krankenhaus. Es hat ziemlich lange gedauert, bis sich ein Arzt blicken ließ. Er sah mich an und gab Mutti zu verstehen, dass da wohl nicht mehr viel zu machen sei.

Plötzlich erschien eine ältere Oberin mit schneeweißem Haar. Sie rief Mutti in ein kleines Zimmer und bat sie ganz leise zu sein. Das weiß ich natürlich alles nur aus Erzählungen meiner Mutter. In meiner Erinnerung sah diese nette ältere Oberin wie unser späterer Schlossgeist im Fasanenhain 9 aus. Sie hat mir das Leben gerettet. Auf jeden Fall geschah etwas Unfassbares: Die Schwester hielt eine große Spritze mit einer klaren Flüssigkeit in der Hand und gab Mutti zu verstehen, mich auf den Tisch zu legen und mein kleines dünnes Ärmchen freizumachen. Sie injizierte mir eine Kochsalzlösung. Dann holte sie der Pfarrer, um den Mutti gebeten hatte, und ich wurde notgetauft.

Nur dank der liebenswerten Schwester wurde ich wieder gesund. Mutti wollte sich später bei meiner Lebensretterin bedanken, aber sie war nicht mehr da. Deshalb muss ich so oft an unseren schneeweißen „Schlossgeist" im Fasanenhain 9 denken.

Pappi arbeitete damals nicht nur beim Nordwestdeutschen Rundfunk, sondern wirkte auch mit in der Sendereihe: „Hörerlieblinge" des Südwestfunks und im „Kabarett am Wochenend" des Bayerischen Rundfunks. Auf einem alten Tonband haben wir einen Ausschnitt gefunden. Und das klang so:

„*Guten Tag, ich bin ganz harmlos hier in diesen Raum hereingeströmt und werde auch gleich wieder hinausströmen. Man kommt ja ganz durcheinander, wenn man dauernd auf Reisen ist, und eine Stadt jagt dieselbe. Man reist ja wieder so schön – und nun war ich in mehreren Städten, ich war in der amerikanischen Zone und in der französischen Zone und jetzt bin ich in die gemäßigte Zone zurückgekehrt. Das Publikum hat mich ertragen. Ich auch, ich trug es.*

Nun bin ich wieder hier in Hamburg und wollte eigentlich gar nichts – ich wollte nur eben, ja – was wollt' ich nur eben?

Ach ja, ich bin glücklich, dass ich wieder – ich wollte eben nur – guten Tag sagen. Ja, das wollt' ich sagen: Guten Tag."

An mein neues Zuhause habe ich mich schnell gewöhnt. Wir hatten einen großen Garten, in dem wir herumtoben konnten. Das Haus war mehr ein Häuschen und wir wohnten dort zusammen mit unserem „Schlossgeist", so nannte Pappi Frau Kramer, die alte Schwiegermutter des Vermieters. Wenn man die knarrende Treppe hinaufging, bewohnte sie ein kleines Zimmer und ein kleines Bad. Daneben lag unser Kinderzimmer. Meine Eltern hatten unten ihr „Schlafgemach", das durch einen Vorhang vom Wohnzimmer abgetrennt war. Nun musste Babu noch untergebracht werden. Aber wo? Es blieben nicht viel Möglichkeiten. Also zog auch sie mit in unser Kinderzimmer. Um Platz zu sparen, schliefen wir Kinder in zwei Etagenbetten und für Babu wurde ein Schrankbett eingebaut. Das Bad durften wir mitbenutzen. Aber nur ganz leise. Es gehörte ja schließlich zu Frau Kramers Zimmer. Um uns zu waschen, mussten wir runter in die Küche gehen, was ich

gar nicht so schlimm fand. Einmal in der Woche wurde gebadet – allerdings im Keller in einer großen Zinnwanne.
Ich habe unseren „Schlossgeist" gerne besucht. Ihr Zimmer hatte etwas Geheimnisvolles. Z. B. stand auf ihrem Schrank ein Buddha. Wenn man ihn berührte, wackelte er mit den Armen und dem Kopf. Auf ihrem Bett lagen viele hübsche Porzellan-Püppchen, die ich aber nicht anfassen durfte.
Einige Jahre später starb unser „Schlossgeist" und Babu zog in ihr Zimmer.
Ich kann mich gut erinnern, dass ich fast jede Nacht in ihr Bett gekrabbelt bin. Sie war so herrlich kuschelig. Babu war überhaupt ziemlich dick. Sie brachte immerhin gut zwei Zentner auf die Waage. Da Mutti immer öfter mit Pappi auf Tournee ging, wurde Babu für mich die Bezugsperson, der ich alles anvertrauen konnte.
Einmal, als meine Eltern mal wieder nach Hause kamen, hörte ich, wie sie beschlossen, einen kleinen Hund ins Haus zu holen. Mutti schwärmte von einem Kurzhaardackel, den meine Tante Bea früher besessen hatte.
Also bekamen wir eine süße, kleine Dackelhündin, die wir „Susi" nannten. Ich war überglücklich, denn jetzt hatte ich ein richtiges Lebewesen, das ich lieb haben konnte. Es war leider nicht von langer Dauer. Susi hatte eine schlechte Angewohnheit. Sie kläffte ständig, was unsere Nachbarn ärgerte. Pappi entschloss sich, des lieben Friedens wegen, Susi abzugeben. Ich war sehr traurig.
Gott sei Dank kam sie zu einer Familie in Wellingsbüttel, sodass ich sie häufig besuchen konnte. Da nun kein Hund mehr im Haus war, kam ich auf die tolle Idee, selbst ein Hund zu sein. Aus Zeitungspapier bastelte ich mir Dackelohren und band sie mir um den Kopf. Babu sah mich an und lachte. Dir fehlt aber noch ein Schwanz, wenn du ein richtiger Hund sein willst. Sie nahm eine alte Zeitung, die Pappi schon gelesen hatte – sonst hätte es Ärger gegeben – und drehte

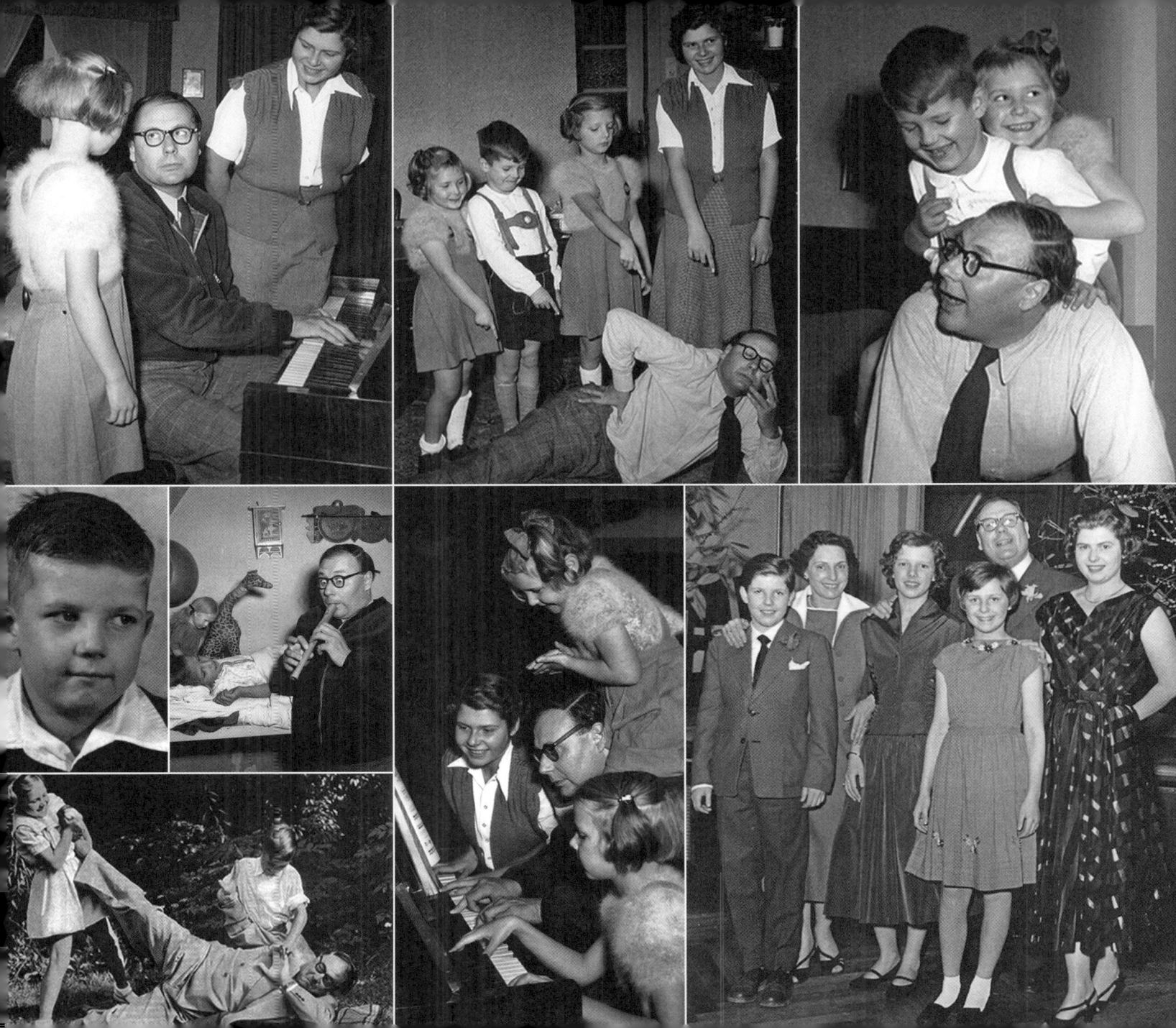

daraus einen richtigen langen Dackelschwanz, den ich mir in die Hose steckte.

So tollte ich hechelnd und bellend durch den Garten. Da fiel mein Blick auf unseren Hühnerstall. Der hatte an der Vorderseite ein Durchschlupfloch. Ich kroch hinein und kam sogar wieder glatt heraus. „Hündchen" hatte ein eigenes Zuhause gefunden, was den Hühnern nun gar nicht passte. Auch meine Geschwister fanden das „Hündchenspiel" im Hühnerstall nicht sehr komisch.

Aber Babu spielte mit und stellte zur Futterzeit sogar einen Teller mit Brothäppchen vor das Durchschlupfloch.

Mutti wunderte sich immer nur über meinen grässlichen Hühnerstall-Gestank.

Auch für meinen Bruder begann nun der Ernst des Lebens. Er wurde eingeschult. Es war ganz schön aufregend. Er bekam eine große, bunte Schultüte und sogar einen netten Lehrer. Was nun, dachte ich. Jetzt hab ich keinen mehr, der mit mir spielt.

„Babu, wann kommt Gero endlich aus der Schule?"

„Um elf Uhr", antwortete Babu. Die Zeit wollte einfach nicht vergehen.

Ganz in unserer Nähe war ein großes, verwahrlostes Grundstück. Das alte Pfarrhaus lag ganz versteckt hinter den großen Bäumen und dem dichten Dorngestrüpp. Nur die Turmspitze ragte aus dem grünen Dickicht. Die beiden Glocken im Turm waren noch ganz in Ordnung und bimmelten Tag und Nacht zur halben und vollen Stunde.

Ich bin ganz sicher, dass Pappi diese Turmuhr zu dem folgenden Gedicht inspiriert hat:

Die Turmuhr

Bläst um unsrer Kirche Turm
aus Nordwest ein starker Sturm,
geht die Turmuhr überm Dach
immer nach, immer nach.

Wenn der Sturm sich aber dreht,
von der anderen Seite weht
und man blickt zur Uhr empor,
geht sie vor, geht sie vor.

Bläst jedoch der Sturm voll Zorn
mal ganz anders: mal von vorn,
kann man an den Zeigern sehn,
sie bleibt stehn, sie bleibt stehn.

Wenn der Sturm sich aber legt
und kein Lüftchen sich bewegt
und man schaut zur Turmuhr flüchtig,
geht sie richtig, geht sie richtig.

Nun, es war so weit. „Marita komm – die Turmuhr schlägt gerade elf Uhr. Wenn du willst, kannst du Gero jetzt entgegengehen."

„Na, wie war es in der Schule?", fragte ich ihn sofort. Er war natürlich begeistert. Als wir in den Fasanenhain bogen, sahen wir Frau Kneeser im Garten auf ihrem Schaukelstuhl sitzen. Sie war eine alte schwerhörige Frau, die sich immer freute, wenn wir sie besuchten. Schon wieder schlug die Turmuhr. Gero zählte mit. „Es ist zwölf, wir müssen nach Hause." – Bei uns wurde, egal ob Alltag oder Sonntag, Punkt zwölf Mittag gegessen.

Da Gigi und Verena immer später aus der Schule kamen, wurde der Arme Ritter in die Röhre unseres Kachelofens geschoben und so warm gehalten. Armer Ritter ist ein baltisches Gericht, das Babu oft zubereitete. In Ei gewälzte Weißbrotscheiben werden in der Pfanne gebraten und mit Erbsengemüse belegt. Pappi konnte diesen armen, warmen Ritter nicht ausstehen. Aber trotzdem hat er ihn in einem Ritter-Fips-Gedicht verbraten.

> *Der Ritter Fips bemerkte bald:*
> *Wenn Winter ist, dann ist es kalt,*
> *drum war sein Harnisch, was von Reiz war,*
> *von Kopf bis Fuß im Innern heizbar.*
>
> *So schritt er durch die Stadt – , doch litt er,*
> *rief man: „Da kommt der warme Ritter!"*

„Marita, komm doch mal, ich möchte mit dir Kirche spielen." Gero hatte sämtliche Sitzgelegenheiten zusammengetragen und in einer Reihe aufgestellt. Ich fand das zwar doof, aber setzte mich dann doch in die erste Reihe. „Du bist jetzt die Gemeinde und ich bin der Pastor", erklärte er mir. Er ließ die Glocken klingen, indem er leise „bim, bam, bim, bam" sagte, legte dabei die Hand auf meinen Kopf und begoss mich mit Wasser. – „So, jetzt bist du getauft."
Dieses Spielchen wiederholten wir sehr oft. Gero war von dem Glockenschlag des Pfarrhauses so fasziniert, dass er bei jedem „bim, bam, bim, bam" zu hören meinte: „Gero komm, Gero komm."

Mutti und Pappi kamen nach einer sechswöchigen Tournee mal wieder nach Hause. Babu hatte alle Hände voll zu tun, um das Chaos, das wir Kinder und sie selbst angerichtet hatten, zu beseitigen.
Dass wir Kinder so fürchterlich unordentlich waren, lag auch an der Gleichgültigkeit von Babu. Sie war der Meinung, dass eine Wohnzimmer kein Ausstellungsraum ist. Mutti und Pappi waren da ganz anderer Meinung.
„Gero, bring deinen Schulranzen, die Socken und fünf Paar Schuhe nach oben, Marita, deine Puppen liegen noch auf dem Sofa. Beeilt euch, in einer Stunde sind sie hier." Gott sei Dank riefen Mutti und Pappi immer von unterwegs an und informierten Babu, wo sie sich gerade auf der Autobahn befanden und wann sie zu Hause sein würden. Da Pappi Unpünktlichkeit hasste, konnten wir uns darauf verlassen, dass sie auch genau in einer Stunde da sein würden. Als es draußen hupte, stürmten wir alle raus. Jeder wollte der Erste sein.
„Nicht so stürmisch, ihr schmeißt mich ja um", rief Mutti. Pappi dagegen ließ sich Zeit, um auszusteigen. Er notierte sich den Kilometerstand, um den Benzinverbrauch auszurechnen. Endlich stieg er aus und wir umschwärmten ihn wie ein Bienenschwarm.
„Hallo", sagte er leicht erschöpft, „das war eine anstrengende Fahrt." Dann wussten wir, dass ein stürmisches Um-den-Hals-Fallen nicht angebracht war.
So trugen wir brav die Koffer ins Haus. Mutti sah sich unauffällig um, ob auch alles ordentlich war, während Pappi schnurstracks in sein Arbeitszimmer marschierte und die Post durchsah.
Es war wunderschön, dass die ganze Familie mal wieder zusammen war. Babu konnte wieder jeden Dienstag zu

ihrem geliebten Baltentreffen fahren. Mutti kümmerte sich um uns und Pappi saß im Arbeitszimmer und beantwortete seine Fan-Post.

Eines Tages, als ich oben im Kinderzimmer alleine mit meiner Puppe spielte, hörte ich ein sonderbares Geräusch. Mein Blick fiel zum Fenster, dann auf das Gardinenbrett. Da saß etwas.

„Babu, Mutti, Pappi kommt schnell, hier sitzt so ein komisches Tier."

Babu war die Erste, die die steile Treppe hinaufkeuchte. „Flunkerst du auch nicht wieder?"

Ich war so aufgeregt, dass ich gleich weiter zu Pappi rannte. Als wir im Kinderzimmer standen, zeigte ich, aber lieber hinter ihm versteckt, auf das Gardinenbrett. „Ist das nicht eine Fledermaus?", sagte er und sah Babu fragend an. „Tatsächlich, das ist eine Fledermaus. Ich hole gleich Herrn Voigt."

Herr Voigt wohnte in einem Anbau unseres Hauses. Er war Künstler. Und zwar Maler. Er hatte Mutti oft gefragt, ob er die Kinder mal porträtieren dürfe und sie hatte schließlich zugestimmt. Unsere Gesichter malte er grün und gelb. Und eine Ähnlichkeit war auch nicht festzustellen. Mutti war entsetzt.

Um ihn aber nicht zu kränken, hingen diese Bilder lange Zeit in unserem Wohnzimmer. Also, Herr Voigt, der gerade vor seiner Staffelei stand, ließ widerwillig den Pinsel fallen und folgte Babu in unser Kinderzimmer.

Er guckte sich das Tierchen an und verlangte ein weißes Tuch, um es zu blenden.

Babu kramte ein Bettlaken aus dem Schrank und gab es Herrn Voigt.

„Ist das nicht viel zu groß?", fragte Pappi. „Besser als nichts", erwiderte Herr Voigt und warf das eine Ende des Tuches blitzschnell über das kleine Tierchen. Er hatte es gefangen und warf das Bettlaken aus dem Fenster.

Die kleine Fledermaus war wieder frei.

Zwei Tage später rief Pappi uns alle in sein Arbeitszimmer. „Hört mal, ich habe wieder etwas gedichtet!"

Er las uns häufig neue Gedichte vor, von denen er meinte, dass wir Kinder sie auch verstehen würden. „Ihr erinnert euch doch noch an die kleine Fledermaus, die sich in eurem Kinderzimmer verirrt hatte." Wir saßen alle mucksmäuschenstill um ihn herum und hörten sein neues Gedicht:

Die Kellermaus

Es wollte eine kleine Maus
im Keller wohnhaft – hoch hinaus;
und eines Nachts, auf leisen Hufen,
erklomm sie achtundneunzig Stufen
und landete mit Weh und Ach
ganz oben, dicht unter dem Dach.
Dort wartete bereits auf sie
die Katze namens Doremi. –

Kaum, dass das Mäuschen nicht mehr lebte,
geschah's, dass eine Fledermaus
ein paarmal um die Katze schwebte,
zur Luke flog und dann hinaus.
Da faltete die Katz, die dreiste,
die Pfoten und sprach: „Ist das süß!
Da fliegt die Maus, die ich verspeiste,
als Engelein ins Paradies!"

VERENA: Mein Vater begnügte sich nicht mit seinen Auftritten im Hörfunk. Er kehrte auch wieder dahin zurück, wo alles angefangen hatte, auf die Bühne.

Seine Komik lebte von der Spontaneität. Er konnte blitzschnell auf Publikumsreaktionen eingehen, nicht immer zur Freude seiner Mitspieler, die dann häufig vergeblich auf ihr Stichwort warteten. Das passierte zum Beispiel dem Parodisten Rolf Stiefel. Stiefel hatte zu sagen: „Aber, Herr Erhardt, nicht so nervös! Fassen Sie sich doch!" Anders, als im Textbuch vorgesehen, kam: „Ja, gerne, aber wohin denn?"
Und an einer anderen Stelle: „Ich habe es begriffen, ich bin ja nicht blöde!" – Antwort: „Ja, ja, das sagen Sie!"
Für uns hatte er wenig Zeit. Mutti hatte eine Unmenge von Porträts im Wellingsbüttler Haus aufgehängt, damit wir – wie sie scherzhaft sagte – wenn er mal nach Hause kam, nicht Onkel zu ihm sagen.
Auf die Frage: „Wo ist denn euer Vati?", sagte Gero meistens: „Der ist auf Reisen und macht Dummheiten!"
Mein Vater arbeitete für den Hörfunk, spielte Theater und wurde immer mehr zu dem Zugpferd der „Bunten Abende": „Triumph der guten Laune" mit Rudi Schuricke, Lale Andersen, Friedel Hensch und den Cypris.
„Abend des Lachens", „Schlager- und Humorparade" mit Vico Torriani, Helmut Zacharias, der kleinen Cornelia Froboess.
„Ferienfreude für die Daheimgebliebenen" mit Lale Andersen, Bully Buhlan, Gerhard Wendland.
„Lass die Sorgen Sorgen sein" mit Chris Howland, Willy Hagara, WillyBerking, „Schminke und Mikrophon" mit Bruni Löbel, Angele Durand, Michael Jary.

Durch diese bunten Programme wurde mein Vater neu entdeckt. Man kannte seine Stimme und seinen Witz aus dem Radio, nun sah man ihn leibhaftig.

Aus einem Rendsburger Zeitungsartikel, Mai 1950:
„Rund und schier, fast ein bisschen zur Fülle und Schwerfälligkeit neigend, so stellte sich gestern vor ausverkauftem Haus Heinz Erhardt vor. Wie er sich linkisch und schüchtern an den Flügel lehnte; und wie und was er mit virtuoser Geläufigkeit herunterhaute, das verriet einen großen Schalk, einen begnadeten Könner echten, würzigen Humors."
Aus dem Allgemeinen **Gladbecker Tageblatt,** 17.1.1951:
„Wir alle haben Heinz Erhardt oft, sehr oft am Rundfunk gehört, aber jetzt erst, da er aus der zweidimensionalen Fläche der technisierten Akustik auch für uns in den lebendigen Raum der Erscheinungen trat, jetzt erst lernten wir ihn ganz kennen und – lieben. Dank sei ihm für seinen Besuch!"

VERENA: Von seiner Tournee durch die zerbombten Großstädte Deutschlands schrieb mein Vater im Sommer 1948 an meine Mutter:
„Da Du anscheinend ganz ohne Geld sitzt, habe ich soeben DM 39,60 an Dich abgeschickt. Das macht mit Porto genau DM 40.- und so viel hatte ich gerade. Hier nun unsere nächsten Daten: bis 16.8. Dortmund, 17.–18.8. Gladbach, 19.–21.8. Bochum, 22.–25.8. Gelsenkirchen, 26.–31.8. Herne, 1.–6.9. Remscheid.
Ich bin fest entschlossen, meinen Vertrag nicht zu verlängern. Bis zum 30.9. muss ich aber weitermachen. Heute und morgen sollen unsere Vorstellungen gut besucht sein, sodass ich Dir am Montag wieder etwas Geld schicken kann. Übrigens habe ich gestern wegen der ‚3 Wünsche' nach Lübeck geschrieben.

Ich schrieb, ich hätte nur einen Wunsch, und zwar den, dass mir alle Wünsche in Erfüllung gehen. Dann brauchte sich die gute Fee nicht weiter zu bemühen und ich würde als bescheidener Mensch dastehen. Und das wäre mein größter Wunsch.

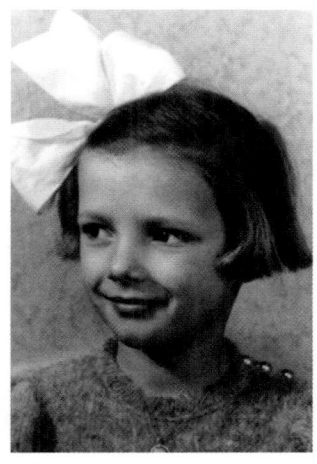

Im Moment regnet es wie auf tote Hunde! Das ist aber vielleicht ganz gut für meinen Haarwuchs. Gestern in Elberfeld hatte ich ein aufregendes Erlebnis. Und zwar das Motorradrennen. Während einer Pause ertönt es plötzlich aus den Lautsprechern: ‚Heinz Erhardt vom NWDR befindet sich unter den Zuschauern und wir bitten ihn, einige Worte zu sagen!'

Du kannst Dir denken, was ich für einen Schreck kriegte. 40.000 (vierzigtausend) Menschen.

Na ja, ich quatschte einfach drauflos und man hat sehr gelacht. Aber was ich geredet habe, weiß ich nicht mehr. Morgen werde ich Dir per Postanweisung 20 Mark schicken. Du musst aber damit rechnen, dass diesen Monat nicht mehr viel kommt. Trotz dieser Misere bitte ich Dich nochmals, niemand davon zu erzählen, wie dreckig es uns eben geht!!! Ich habe auch meine Kollegen gebeten, nicht in den finstersten Kneipen essen zu gehen, sondern lieber Hering und Brot mit auf die Zimmer zu nehmen, denn es ist eine schlechte Reklame, wenn das Erhardt-Ensemble in den miesesten Wirtshäusern gesehen wird. Mach Dir bitte keine Sorgen: Gottchen wird schon wieder helfen!!! Du musst nur fest dran glauben. Viele Musus Dir und unseren vier Trabanten."

MARITA: In diesen schweren Nachkriegsjahren wurde mein Vater durch unermüdliche Hörfunkarbeit, bunte Abende und seine Theatertourneen quer durch Deutschland immer beliebter, dabei waren die zahlreichen Vorstellungen gerade in diesen bittern Jahren keineswegs immer erfolgreich.

Bei einer Aufführung vor acht Zuschauern sagte er: „Ich warne Sie vor Missfallenskundgebungen – heute sind wir hier auf der Bühne nämlich in der Überzahl."

Andrerseits gab es natürlich auch ausverkaufte Häuser, wo er sich erlauben konnte zu sagen: „Können Sie nicht ein bisschen schneller lachen? Wir wollen schließlich auch mal nach Hause."

Wenn mein Vater dann mal nach Hause kam, hingen wir wie Trauben an ihm und fragten, mit wem er auf Tournee war und ob er Autogrammpostkarten mitgebracht hatte. Diesmal waren sie von der kleinen Cornelia Froboess, Bulli Buhlan, Christa Williams und den drei Peheiros. Sie kamen sehr oft zu uns nach Hause, wenn sie im NWDR zu tun hatten und kündigten sich per Radio an. So passierte es eines Tages. Die drei Peheiros sangen im Bunten Nachmittagsprogramm und sagten am Schluss: „Zipchen, stell das Kaffeewasser auf, wir kommen gleich!" Eine halbe Stunde später fuhren sie vor.

VERENA: Bevor der Film meinen Vater entdeckte, spielte er Theater, Theater, Theater: In Hamburg am Besenbinderhof – Das Lustspiel: „Verzeih, dass ich dich liebe" und „Lieber reich – aber glücklich".

Peter Ahrweilers Privat-Theater „Die kleine Komödie" am Neuen Wall brachte „Kleopatra die Zweite – ein musikalisches Lustspiel" heraus.

Im Programmheft schrieb Peter Ahrweiler über seinen Hauptdarsteller: *„Für diesen Vollblut-Komiker musste ich einen Stoff finden, der ihm die Freude an der Improvisation lässt. Nehmen Sie – liebes Publikum – unsere kleine Geschichtsfälschung nicht so tierisch ernst, sondern versuchen Sie zu lachen und sollten Sie einen einzelnen Herrn entdecken, dem seine Würde auch bei Erhardt noch im Gesicht geschrieben steht, so hat er eine Freikarte und ist todsicher von der Presse."*

Der knarrig-kauzige Theater-Besessene Peter Ahrweiler lag in Dauerfehde mit der Kulturpolitik der Hansestadt und der gesamten Presse: *„Ich wäre überrascht, wenn nicht einige Hamburger Kritiker gegen diese Form des Theaters Sturm laufen würden. Sie werden während der Vorstellung lachen und am Schreibtisch Bosheiten verfassen."*

MARITA: Auch mein Vater hatte ein zwiespältiges Verhältnis zur Presse: *„Mindestens ebenso wichtig am Theater wie die Platzanweiser – ich meine hier nicht die Regisseure – sind zweifelsohne die Kritiker. Im stillen Kämmerlein tippen sie ihre Rezensionen in die Schreibmaschine und es kommt nicht selten vor, dass sie – ähnlich wie beim*

Artaxias, König der Schamarier, im Erfolgsstück „Kleopatra die Zweite"

Lotto – danebentippen. So schrieb beispielsweise Ende des vorigen Jahrhunderts ein berühmter Wiener Musikkritiker gelegentlich der Uraufführung von Puccinis ‚La Bohème',

„ ‚ ' ... das hüpfende Komma ... '

Buchhalter
HASELHUHN

zieht die Bilanz:

Vom 19. Dez. 1953 bis 17. Jan. 1954
im THEATER AM BESENBINDERHOF

35000 Besucher

(Gastspiel kann wegen anderweitiger Aufführungsverpflichtungen nicht verlängert werden!)

Vom 18. Januar 1954 bis 12. Februar 1954
1. Gastspielreise durch die Bundesrepublik: Hannover — Braunschweig — Minden — Bielefeld — Osnabrück — Dortmund — Essen — Gelsenkirchen — Buer — Mülheim — Oberhausen — Bochum,
dann könnten wir die vielen Wünsche des Hamburger Publikums erfüllen und unser erfolgreiches Gastspiel ab 13. Februar 1954 in Hamburg wiederholen!

Also: **THEATER AM BESENBINDERHOF**

Ab Sonnabd., 13. Febr. 1954 für kurze Zeit tägl. 20 Uhr, sonnt. auch 16.30 Uhr
Auf vielfachen Wunsch — Wiederholung des Gastspiels

HEINZ ERHARDT
(Buchhalter Haselhuhn)
in dem musikalischen Lustspiel

Lieber reich – aber glücklich

von F. Arnold und E. Bach — Gesangstexte: Willi Kollo

Musik: Walter Kollo   Regie: Hans Herbst
mit der erfolgreichen Hamburger Premieren-Besetzung
Es spielt das Orchester Walter Graf
Produktion: Robert Fürst, Hamburger Theater-Gastspiele

Kartenvorverkauf **ab Freitag, den 5. Februar**, an der Theaterkasse (24 29 43)
und den bekannten Vorverkaufsstellen

er gäbe dieser Oper noch drei Aufführungen – dann wäre sie vergessen. Man bedenke! Andrerseits meinte er über Meyerbeers ‚Afrikanerin', dieses Werk werde auch noch das nächste Jahrhundert überleben! Dabei wird diese Oper nicht einmal mehr in Afrika gespielt. Ja, ja – es gibt kaum etwas, womit man nicht so viel Theater hat – wie mit dem Theater ...

Man hat Theater, die erfreuen sich fiskalischer Unterstützung – man hat aber auch Theater, die erfreuen das Publikum. Diese sind aber äußerst selten. Man unterscheidet zwei Arten von Theaterleitern: solche, die es wirklich sind, und solche, die es gern sein möchten. Letztere überwiegen bei Weitem, obwohl gerade sie der Überzeugung sind, sie wären es ...

Auch die Darsteller zerfallen in zwei Teile: in einen, der von der Schauspielschule und den anderen, der vom Kabarett kommt. Die Darsteller des ersten Teils besitzen keine Persönlichkeit und können deshalb leicht in die Haut der darzustellenden Person schlüpfen. Die Kabarettisten dagegen können nicht aus ihrer Haut heraus und spielen meist nur sich selbst. Sie sind von den gelernten Kollegen nicht so gern gesehen wie vom Publikum.

Das liegt wohl daran, dass der Theaterbesucher für gewisse Nuancen eine Nase hat, die nicht auf den Kopf gefallen ist."

„Wie viel Geist muss ein Mensch haben, um sich derart blöd anstellen zu können?"

Eine der vielen hintergründigen

KRITIKEN.

Hier ein paar weitere Beispiele:

„Erhardt ist kein Dichter. Er karikiert sich selbst in seinen Versen und die Arme-Sünder-Miene, die er geistig und körperlich zur Schau trägt, verhüllt nur das naive Kindergesicht seines Humors."

Oder:

„Erhardt ist ein großes Kind unserer Zeit. Er möchte manchmal weinen und darum reizt er zum Lachen."

Oder:

„Man lacht und lacht, um sich insgeheim zu fragen, ob hier der Unsinn nicht bereits jene Grenze überschritten hat, wo er wieder zur Weisheit wird."

Oder:

„Heinz Erhardt ist ein Naturtalent der gut gespielten Verlegenheit."

Oder:

„Er versteht es meisterhaft, Worte umzustellen, deren Sinngehalt sich berühren und zugleich widersprechen. Er bringt Vergleiche, die sich gegenseitig auffressen."

Hier ein paar Beispiele dieser erhardtschen **WORTVERDREHUNGEN:**

Manchmal hilft nur noch: Zähne hoch und Kopf zusammenbeißen.

Wenn es heißt auf Biegen und Brechen, so ist Ersteres immer vorzuziehen.

Es darf kein Äußerstes geben, zu dem wir nicht entschlossen wären, und keine Lauer, auf der wir nicht lägen.

Ein Stabhochspringer ist kein Hochstapler – eine Hebamme keine Empfangsdame.

Man muss die Gelegenheit bei der Hand fassen und den Schwiegervater um den Schopf seiner Tochter bitten.

Der liebe Gott hat das Gras nicht wachsen lassen, damit man in dasselbe beißt.

Manchen Menschen ist die Schlacht bei Salamis die Wurst gleichen Namens.

Am besten ist, man macht sich häufig einen Knoten ins Notizbuch.

Weder vergoss ich Gelächter noch hielt ich mir den Bauch vor Tränen.

Viele Bemerkungen sind nicht aus der besten Luft gegriffen.

Wenn ich Käse esse, lasse ich die Made links liegen.

Ich bin ein richtiger Pechpilz, niemals fällt mir das kleinste Schwein in den Schoß.

Nur ein Hund freut sich, wenn ihm etwas vorgeworfen wird.

Der Sommer war so heiß, dass die Bäume den Hunden nachliefen.

Ein Zahnarzt ist ein Mann, der gegen Bezahlung Reißaus nimmt.

Partys sind die Kindergärten der Erwachsenen.

Masseure sind die Linienrichter im Kampf gegen die Kalorien.

Ein Faulpelz ist ein Mensch, der nichts so gerne tut wie nichts.

Pessimisten sind Leute, die mit der Sonnenbrille in die Zukunft schauen.

Mancher Chef ist wie ein Blinddarm; ständig gereizt und im Grunde völlig überflüssig.

Frauen sind die Juwelen der Schöpfung. Man muss sie mit Fassung tragen.

Wer beim Schwimmen untergeht, ist noch lange kein Taucher.

Das mittlere Alter ist da, wenn der Haarschnitt allmählich in Naturschutz übergeht.

Ich könnte manchmal vor Glück eine ganze Allee von Purzelbäumen schlagen.

VERENA: In einem kleinen Wäldchen in der Nähe unseres Hauses ging mein Vater oft stundenlang spazieren. Hier kamen ihm die Gedanken, die er dann am Schreibtisch in Reime fasste.

In eigner Sache

Ich häng oft den Gedanken nach,
die teilweis stürmisch, teils gemach
die Gänge meines Hirns erfüllen.
Doch denken kann ich nur im Stillen.

Im Wald zum Beispiel! Zwischen Bäumen,
dort kann ich dichten, kann ich träumen.
In Gegenwart von Baum und Tier,
da kommen die Gedanken mir.

Zum Beispiel diese:
„Wir wollen mal einen neuen Weg beschreiten – und zwar einen Waldweg!
Er ist, wie für einen Wald typisch, von Bäumen umzingelt.
Wir wollen uns nun mal einen Baum – oder besser eine Bäumin herausgreifen und versuchen, mit ihr ins Gespräch zu kommen. Bis jetzt hieß es immer: Lasst Blumen sprechen! – Nun, vielleicht geht es auch mit Bäumen.
Hier also meine Gesprächspartnerin. Sie ist eine Eiche.
„Sprechen Sie deutsch?"
Eiche: „Natürlich, ich bin in Deutschland aufgewachsen!"
„Aha! Sagen Sie, Sie stehen hier so Jahr für Jahr herum. Ist das nicht anstrengend?"
Eiche: „Nein, das lernen wir ja!"
„So, das lernen Sie? Wo denn zum Beispiel?"
Eiche: „In den Baumschulen zum Beispiel."
„Ach ja, natürlich! Was lernen Sie denn noch auf so einer Baumschule?"
Eiche: „Zunächst lernen wir, immer den gleichen Standpunkt einzunehmen."
„Ja, das sieht man! Sie sind, seit ich mich hier mit Ihnen unterhalte, noch keinen Zentimeter von Ihrem Standpunkt abgewichen. – Und was lernen Sie noch?"
Eiche: „Und dann lernen wir etwas, wozu uns unsere Größe und vor allem unser Alter – – – –"
„Aber nicht doch!"
Eiche: „Jawohl, wozu uns unser Alter sehr zustatten kommt – nämlich über vieles hinwegzusehen!"
„Können Sie in Ihren Baumschule auch sitzenbleiben?"
Eiche: „Nein, sitzen nicht – wir können höchstens stehen bleiben."
„Natürlich! – Und wer sind Ihre Lehrer?"
Eiche: „Die Gummibäume. Die haben alle das Gumminasium besucht."
„Verzeihen Sie, wenn ich abschließend noch eine etwas prekäre Frage an Sie richte: Zu was wird man Sie, hat man Sie gefällt, verarbeiten?
Eiche: „Ich weiß, dass man aus meinem Leichnam Bretter für Schiffe, Fässer, Möbel und bequeme Särge fertigen wird. Seit ich aber das Vergnügen hatte, Ihre werte Bekanntschaft zu machen, glaube ich, dass man mich hauptsächlich zu Brettern verarbeiten wird, die solche Menschen wie Sie vor dem Kopf haben!!!!!!"

Allein, inmitten jener Wesen,
die schreiben können und auch lesen,
die lieben könnten, doch nur hassen,
fällt mir nichts ein, da muss ich passen.

Woher bezog dieser „Purzelbaumschläger" seine Kraft?
Er sagte es so:

„Sie ahnen nicht, wie glücklich es mich macht, Leute lachen zu lassen. Ich glaube, Komiker und Clowns haben die schönste Aufgabe im Leben."

1955 – IM ZARTEN ALTER VON 46 ENTDECKTE MICH DER FILM

„Kaum hatte ich das zarte Alter von 46 erreicht, da entdeckte mich der Film – und zwar auf einer winzigen Bühne in einem witzigen Stück. Das Publikum scharte sich in Scharen um das Geschehen, aber weniger meinetwegen, als wegen einer jüngeren Kollegin, die es meisterhaft verstand, ihre Rolle zu verkörpern. Hauptsächlich die Filmproduzenten, die ja immer auf der Jagd nach jungen Talenten – besonders, wenn sie weiblichen Geschlechts sind –, eilten herbei, um den Maßen der Künstlerin nachzuspüren.
Schließlich aber kam einer dieser Herren nicht nur ins Theater, sondern auch auf die Idee, dass ich eigentlich den Maßen der Film-Breitwand eher entspräche!
Also, das spricht für den Fachmann! Er bot mir die Hauptrolle eines Filmvorhabens an, das nach einem Drama eines gewissen Franz Grillparzer gedreht werden sollte. Den Autor habe er wegen der Filmrechte bereits angeschrieben.
„Vergebung", sagte ich, „aber Grillparzer ist seit Langem tot!"
„Oh", meinte der Produzent, „deshalb hat er wohl noch nicht geantwortet!"

Hero und Leander

Der Hero und auch die Leander,
die hatten gar nichts miteinander.

Das lag hauptsächlich an der Länge
und Breite jener Meeresenge,
die man, hat man nicht grad gepennt,
als Hellespont von früher kennt.

Doch war der Hero ja schon immer
bekannt als Sportler, nämlich Schwimmer,
weshalb er eines Mittwochs rief:
„Ich schwimme zu ihr, ist's auch tief!
Ist auch die Strecke nass und lang –
was macht das schon, mir ist nicht bang!
Ich arbeite bis Freitag bloß,
dann schwimme ich nach Dienstschluss los!"

Drauf schrieb er eine Ansichtskarte:
„Ich komm ganz früh am Samstag, warte!
Doch weil du, liebe Lea, faktisch
direkt am Ufer wohnst, was praktisch,
so zünde eine Kerze an
und stell sie in dein Fenster dann,
damit sie leuchte und mich leite
zu dir, bis auf die andre Seite!
In sechs bis sieben Stunden höchstens
bin ich dann da! – Leb wohl! Bis nächstens!
Ich geb dir 'n Vorschusskuss, hier hast'n…
und warf die Karte in den Kast'n. –

*Und Freitagnacht, wie vorgesehn,
sprang er – die Uhr war kurz nach zehn –
bekleidet nur mit einer Hose,
im Munde aber eine Rose,
und mit Salatöl eingerieben,
ins Wasser mit dem Ziel nach drüben ...*

*Das Meer geht hoch, die Winde wehn ...
Die Nacht ist schwarz, er kann nichts sehn –
den Mond und auch die Sterne nicht,
doch auch nicht seiner Liebsten Licht ...
Wie sehr er die Pupille weitet,
wo ist die Kerze, die ihn leitet?*

*„Pardon, geht's hier zum andren Ufer?",
brüllt er, doch niemand hört den Rufer ...
Nur schwer noch kann er sich im kalten
Gewässer über Wasser halten,
und er verliert im Meergetose
die Orientierung und die Rose ...
Er murmelt paarmal: „Junge, Junge ...!",
dann dringt ihm Wasser in die Lunge ...
Er nimmt noch zwei, drei Schluck, drauf sinkt er
bis auf den Grund ... Und hier ertrinkt er ... –*

*So endete das Sein für ihn
durch eine Kerze, die nicht schien ...*

*Nun fragen Sie wohl unterdessen:
„Weshalb hat sie das Licht vergessen?"*

*Weil sie, wie so das Schicksal spielt,
die Post erst Montag früh erhielt –
und da war es zu spät zum Leuchten,
da lag er schon im Grab, im feuchten ...!*

*Hätt er ein Telegramm geschickt,
wär ihm das Vorhaben geglückt!*

VERENA: Mit einem Telegramm des Regisseurs Georg Jacoby begann die Filmkarriere meines Vaters. In der Militärklamotte **3 TAGE MITTELARREST** spielte er in einer kleinen Nebenrolle den Schreiber Zippert. Er stand an 17. Stelle der Stabliste und wurde im Programmheft gar nicht erwähnt.
Die Kritiken waren vernichtend. Bis auf eine Ausnahme: *„Die Gags sind uralt ... Nett ist allenfalls Heinz Erhardt mit seinen Schnoddrigkeiten."*
1956 rückte er auf Platz 11 der Besetzungsliste vor. In der Komödie **ICH UND MEINE SCHWIEGERSÖHNE** spielte er den Nervenarzt Mindermann. Der Regisseur war wieder Georg Jacoby. In den Hauptrollen sah man: Grethe Weiser, Walter Giller, Rudolf Platte, Werner Finck und Bibi Johns. Produzent war die Realfilm von Gyula Trebitsch.
Noch im gleichen Jahr stand er wieder vor der Kamera. In dem Lustspiel **DIE GESTOHLENE HOSE** spielte er den Diener Ferdinand Kofler. Immerhin jetzt schon auf Platz 8 der Besetzungsliste.
„Eigentlich spiele ich die Titelrolle! Zwar nicht die Hose, aber den, der sie klaut."

Aus dieser Klamotte von Regisseur Geza von Cziffra blieb nur eine Szene im Gedächtnis: Heinz Erhardt musste in einer Schlosshalle vom ersten Stock herunterfallen und zwischen einem Geweih über dem Kamin rußverschmiert hängen bleiben.

Schon auf Platz 5 der Stabliste stand er in dem Film **MÄDCHEN MIT SCHWACHEM GEDÄCHTNIS**. Er spielte – wieder unter der Regie von Geza von Cziffra – den Diener Albert: „Sie können also waschen, servieren, bohnern?", fragt Loni Heuser den neuen Diener Albert. „Ich bin als Bohnerer berühmt. Ich habe bei einem Wettbohnern einmal den ersten Preis gemacht. Im Bügeln allerdings nur den zweiten, aber das war Schiebung."
„Noch eine Frage: Können Sie auch massieren?"
„Selbstverständlich, gnädige Frau! Der menschliche Körper ist meine Domäne – besonders der weibliche."

An all diesen Filmen ließ die Kritik kaum ein gutes Haar. Nur seine Kurzauftritte wurden hin und wieder lobend erwähnt: „Er ist ein Komiker, der etwas von der Werner Finckschen geistreichen Wortverdrehung mitbringt. Wenn er auf der Leinwand erscheint, gibt es nur noch – ein Lächeln und Lachen ohne Ende."

Diese ersten Ausflüge in das Medium Film waren für meinen Vater nur kurze Unterbrechungen seiner zahlreichen Tourneen.

„Es gäbe unendlich viel zu berichten aus diesem reichen Künstlerleben. Aber warum bloß? Jeder kennt ihn, jeder liebt ihn und wer nichts wissen will von ihm, dem ist sowieso nicht zu helfen. Was bin ich doch heute wieder für ein Schelm ...!
Das Klavier ist verstimmt! Aber worüber bloß?
Urhüpflich – äh, -sprünglich – wollte ich eigentlich persönlich hier erscheinen, aber nun bin ich selbst gekommen ...!"

1957 – DER MÜDE THEODOR

MARITA: Die erste Hauptrolle ließ nicht lange auf sich warten: „Der müde Theodor". Pappi sagte von sich: *„Ich bin eine spät entwickelte Frühentdeckung des Films und gehöre eigentlich zum Filmnachwuchs."*

Das **Göttinger Tageblatt** vom 30. März 1957 berichtete: „Hochbetrieb im Göttinger Atelier. Heute fiel die erste Klappe für Geza von Cziffras neuestem Film. Inmitten von

Beleuchtern, Schauspielern, Maskenbildnern, Garderobiers gibt der Regisseur seine letzten Anweisungen. Die Szene steht: Geblümte Sessel um einen Frühstückstisch, Schränke, Blumentöpfe auf der Fensterbank, eine Wanduhr, kurzum, ein gutbürgerlich eingerichtetes Wohnzimmer.
Ruhe bitte! Abläuten! Aufnahme!
Theodor Hagemann hat bereits Platz genommen und schmiert sich behaglich ein Brötchen. Heinz Erhardt, der in

diesem Film seine erste größere Rolle übernommen hat, soll dem Fabrikanten Hagemann die ganze Wohlbeleibtheit seiner Figur, aber auch seines großartigen Humors verleihen."

„In dem Film spiele ich eine tragende Rolle. Ich muss nämlich als Kellner dauernd Tabletts voll Geschirr durch Hotelflure schleppen."

Auch die schwierige Szene als Zimmerkellner klappte nach viermaligem Versuch hervorragend. Mein Vater hatte sich zur Vorsicht Schaumgummi in den Hosenboden gestopft. So stürzte er mit dem voll beladenen Tablett – artistisch gekonnt – rückwärts in das Hotelzimmer.

„Wenn der Film so gefällt, wie ich fallen muss, dann hat sich das gelohnt."

Im **Film-Echo** ist zu lesen: „Es ist fast ein Wunder. Nach unzähligen albernen Schwänken und Klamaukiaden ist dieser wirklich komische und herzerfrischend humorvolle Heinz Erhardt-Film wie ein warmer Regen, der über der Wüste der deutschen Lustspiel-Einfallslosigkeit niedergeht. Die Überraschung ist zweifellos Heinz Erhardt selbst. Hier hat eine wirkliche Lustspiel-Begabung endlich ihre filmgemäße Ausdrucksform gefunden. Hier wurde ein neuer Filmkomiker und ein neuer Publikumsliebling entdeckt."

1957 – WITWER MIT 5 TÖCHTERN

MARITA: Nach diesem großen Erfolg stand für die **Deutsche Film Hansa** fest: *„Heinz Erhardt – das Schwergewicht der leichten Muse – muss filmen!"*
Sie nahm ihn unter Exklusivvertrag.

Unter der Regie von Erich Engels entstand einer seiner beliebtesten Filme **WITWER MIT 5 TÖCHTERN**. Er spielte einen ständig überforderten Vater seiner fünf Töchter (Susanne Cramer, Vera Tschechowa, Angelika Meissner, Christine Kaufmann und Elke Aberle). In dieser Rolle – mit Herzensgüte, Strenge und Sentimentalität – spielte er sich selbst oder besser sein Wunschbild eines guten Vaters.

In seinen Alben habe ich eine interessante Selbstkritik von meinem Vater gefunden:

*Mal ganz was privates:
Ich bin ein schlechter
Vater gewesen – wie habe
ich mich um meine
4 prächtigen Kinder ge-
kümmert. Was muss
mein Zipoler gelitten
haben …*

„Mal was ganz Privates. Ich bin ein schlechter Vater gewesen. Nie habe ich mich um meine vier prächtigen Kinder gekümmert. Ich habe direkt ein schlechtes Gewissen. Viele glauben, ich sei der Prototyp eines vorbildlichen Familienvaters! – Dabei bin ich ein ganz mieser!!!"

Es stimmt schon, dass er mit kleinen Kindern nicht viel anfangen konnte. Dabei sind sie ihm nachgerannt, hingen an seinem Hals, liebten ihn abgöttisch. Solange er mit ihnen nicht vernünftig reden konnte, hatte er Hemmungen. Herumalbern, spielen oder sich mit ihnen in Kindersprache unterhalten, konnte er einfach nicht. Es war nicht etwa Lieblosigkeit. Es waren Hemmungen. Er wusste einfach nicht, wie er sich verhalten sollte.

Und wenn er mal zu Hause war, was ja nicht so oft vorkam, mussten wir auf ihn Rücksicht nehmen.

Krabbelnde Kinder auf dem Schreibtisch, die seine Notizen durcheinanderbrachten oder gar auf den Klaviertasten herumhackten, konnte er überhaupt nicht leiden. Aber dazu kam es selten, weil Mutti aufpasste und ihn vor uns abschirmte. Auf seine Frage „Was toben denn da im Garten wieder für viele Kinder herum?" antwortete Mutti einmal: „Sieh doch mal genau hin! Es sind alles nur deine eigenen!"

VERENA: Wenn er Klavier spielte und komponierte, standen wir vier Kinder hinter der Tür und lauschten und wenn er dichtete, verzog er sich auf das stille Örtchen, ging im

Filmpremiere „Witwer mit 5 Töchtern" in Berlin, 23.11.1957

Wald spazieren oder trug seine beiden Katzen „Grauchen" und „Greißchen" auf den Schultern durch den Garten. Sein Zuhause war seine Familie, aber es zog ihn immer wieder raus auf die Bühne vor sein Publikum.

„Meine sehr verehrten Damen und die – die ihnen nachlaufen.
Also, es ist so! Nicht nur ein Schneider wendet, sondern auch ich wende – mich an Sie! Ich trage, wo ich steh' und geh', stets ein Gedicht bei mir:

> *Es soll manchen Dichter geben,*
> *der muss dichten, um zu leben.*
> *Ist das immer so? Mitnichten,*
> *manche leben, um zu dichten."*

MARITA: In dem Film **WITWER MIT 5 TÖCHTERN** sang mein Vater ein selbst komponiertes Lied, das er für Gero gedichtet hatte. Im Film hatte er jedoch eine kleine Tochter. So musste er den Text umschreiben:

> *Schlafe ein, mein Schätzchen!*
> *Schlafe ein, mein Schätzchen*
> *und träum' von einem Kätzchen,*
> *von Püppchen, bunten Steinchen;*
> *schlafe ein, schlaf eincher!*
> *Schlafe ein, mein Bübchen,*
> *ein Engel geht durchs Stübchen.*

Im Film:

> *Schlafe ein, mein Mädchen,*
> *ein Engel geht durchs Städtchen,*
> *ganz leis' auf nackten Beinchen,*
> *schlafe ein, schlaf eincher!*
> *Während nun der gute Mond am Himmel lacht,*
> *sitzt dein Pappi hier am Bettchen und bewacht*
> *dich, mein kleines Schätzchen.*
> *Jetzt schlafen schon die Kätzchen,*
> *die Püppchen und die Steinchen –*
> *schlafe ein, schlaf eincher!*

Nicht zur zu Hause hatten wir uns gefragt, ob es überhaupt Witwer mit fünf Töchtern gäbe. Auch mein Vater hatte bei den Dreharbeiten eine Wette mit seiner Filmtochter Susanne Cramer abgeschlossen. Als die BILD-Zeitung die Wette veröffentlichte, meldeten sich tatsächlich 59 Witwer, die wirklich fünf unverheiratete Töchter hatten.
„Es läppert sich so zusammen", „Ich selbst habe allerdings nur vier Kinder – echte – hoffe ich wenigstens!"

1958 – VATER, MUTTER UND 9 KINDER

MARITA: Der deutsche Spielfilm erlebte eine regelrechte Familien-Welle und Pappi war der Vater vom Dienst. Unter der Regie von Erich Engels drehte er seinen nächsten Film: **VATER, MUTTER UND 9 KINDER**.
Neun Kinder hatte er aut Drehbuch. Darunter auch wieder Elke Aberle, das kleine Julchen aus **WITWER MIT 5 TÖCHTERN**.
Heinz Erhardt spielt einen Bäckermeister, der so seine liebe Not mit seinen „Brötchen" hat. In den weiteren Rollen sah man u. a.: Willy Millowitsch, Werner Finck, Erik Schumann und Camilla Spira.

In einer Kolumne, die mein Vater in einem seiner Alben aufbewahrte, ist vom Dreh in Göttingen Folgendes zu lesen: „Erhardt, chronischer Brillenträger, setzte sich auf die seine und war entsetzt, als sie sich anschließend nicht mehr verwenden ließ. Ein freundlicher Optiker behob den Schaden innerhalb einer Stunde, bekam daraufhin folgenden Werbespruch vom wortgewandten Komiker verehrt: ‚Tragen Sie Ihre Brille mit Fassung … aber nur von Optiker Lübcke'. Der Optiker stellte den Spruch in seine Auslage und schenkte Erhardt die neuen Augengläser. ‚So wäscht eine Hand das andere Bein', sagte der Schauspieler, als er sich befriedigt von Neuem der Kamera zuwandte."

Die Presse schrieb: „Sehr energisch, aber auch humorvoll und gütig, schwingt Heinz Erhardt das Familienzepter in dem heiter-besinnlichen Film, in dem Camilla Spira seine Gattin spielt.

Als Bäckermeister-Ehepaar vertreten sie Erziehungsgrundsätze, die in unserer Zeit mit Rock 'n' Roll, Halbstarken, Randale und Familienzoff manchen Ehepaaren als gutes Beispiel dienen könnten. – Eure Eltern sind immer für euch da, auch wenn sie eure Sprache nicht immer verstehen:

Du kriegst die Motten! – Das ist ja zum Mäusemelken! Mensch Meier, ich werd' zur Minna! – Das ist die Wucht in Tüten! Dem Freund wird nicht die Freundin ausgespannt, sondern ihm wird – der Zahn abgeschraubt. Du hast wohl Eisblumen auf der Mattscheibe! Der Mann hat einen Bubikopf mit Pause; hieß schlicht und ergreifend: Er hat eine Glatze. Auch die Filmeltern Heinz Erhardt und Camilla Spira hatten während der Dreharbeiten Nachhilfeunterricht nötig. Und das, obwohl der Filmpappa laut Drehbuch Friedrich Schiller hieß."

Am häuslichen Herd

Der Bäckermeister... (mit Willy Millowitsch)

Uraufführung am 19.12.58

1958 – IMMER DIE RADFAHRER

MARITA: Nach einer Idee von Hans Joachim Kulenkampff wurde 1958 der Film **IMMER DIE RADFAHRER** produziert. Mein Vater spielte neben Kuli und Wolf Albach-Retty. Regie führte Hans Deppe. In den weiteren Rollen sah man: Waltraut Haas, Corny Collins und Peter Kraus.

„Die Rückkehr dreier würdiger Herren (Heinz Erhardt als Eierlikör-Fabrikant, Wolf Albach-Retty als Professor und Hans Joachim Kulenkampff als Filmschauspieler) per Fahrrad an den Ort ihrer Jugend vollzieht sich auf Gelächter und

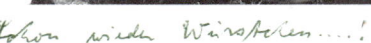

Schmunzeln auslösenden Wegen. Wenn Heinz Erhardt in die ‚Vogelhändler'-Aufführung gerät und dann mit Ballett-Hüftschwung abgeht, toben die Zuschauer vor Vergnügen", schrieb die **Nürtinger Presse**.

Und auch die Fachzeitschrift **Der Radmarkt** widmete dem Film große Aufmerksamkeit: „Wie sie sich nun auf ihren

„Immer die Radfahrer"

Sorgenfrei! C. Collins (Sorgenfrei! C. Collins)

Stahlrössern bewegen – das riecht fürwahr nicht nach Fahrradreklame! Sitzbeschwerden und Muskelkater stellen sich ein – man kommt ja von weichen Autopolstern. Aber die gute Laune ist nicht unterzukriegen, man hat seine Freude und immer neue Erlebnisse auf dieser Fahrt mit Rädern, man wird wieder jung – und dann ist auch das ‚Strampeln' letzlich ein Vergnügen. Und ein sehr gesundes dazu!"

Die anstrengenden Filmaufnahmen auf dem harten Fahrradsattel blieben meinem Vater allerdings noch lange im Gedächtnis: *Wer sich nicht auf seinen Lorbeeren ausruhen kann, hat sie an der falschen Stelle!*

VERENA: Neben Kurzauftritten ging mein Vater mit seinem Film auf Werbetour. Nach der Vorführung betrat er die Kinobühne und begeisterte sein Publikum mit Sprüchen zur Radler-Philosophie:

- *Erst war ich am Hintern verkommen –*
  äh, am Kommen verhindert!

- *Ich wollte unbedingt persönlich hier erscheinen,*
  nun bin ich aber doch selbst gekommen.

- *Viele betreten die Bretter, die die Welt bedeuten,*
  und merken nicht, dass sie auf dem Holzweg sind.

- *Manchmal hat es keinen Sinn, die Stirn zu*
  fletschen und die Zähne zu runzeln.

- *Man muss da einfach durch oder drauf, wie*
  ich in diesem Film auf den Fahrradsattel.

- *Eigentlich sind ja alle Verkehrsteilnehmer*
  Ampelmänner – natürlich auch die Radfahrer,
  wobei letztere immer in Felgen schwelgen.

- *Na ja, wer sich selbst auf den Arm nimmt,*
  erspart anderen die Arbeit."

1958 – SO EIN MILLIONÄR HAT'S SCHWER

VERENA: Für diese Werbereise musste er sich aus den Göttinger Ateliers stehlen, wo er an der Seite von Peter Alexander und Germaine Damar den Diener Alfons in **SO EIN MILLIONÄR HAT'S SCHWER** mimte. Das war 1958, Regie führte wieder Geza von Cziffra.

„Wenn die kleine Posse um einen Schlager singenden Millionärssohn, der im Gewande eines fröhlichen Landstreichers die Liebe einer hübschen Kellnerin erringt, diesmal flott abgespult wird, so ist das kaum dem Regieroutinier Geza von Cziffra, sondern allein der sympathischen Beweglichkeit Peter Alexanders und der gekonnten Dummdreistigkeit Heinz Erhardts zu verdanken", urteilt ein Filmrezensent aus Berlin.

1959 – DER HAUSTYRANN

Gleich noch einen Film hatte Heinz Erhardt im Jahr 1958 zugesagt. Zum ersten Mal spielte er in **DER HAUSTYRANN** einen Widerling.

Schreibe den obskuren Beleidigungsbrief ---

mit Rudi Platte

mit Grethe Weiser nach der Versöhnung

Das Drehbuch basierte auf dem Lustspiel „Das Ekel" von Impekoven und Reimann.

In der **Film-Revue** vom 23.12.1958 stand dazu: „Komisch sind nicht Leute, die im Frack in die Badewanne oder mit frischen Dauerwellen in die Schlagsahne fallen. Komisch sind Menschen mit mehr oder weniger kleinen Ticks und Schwächen, die sich mit den Tücken des Alltags herumplagen – z. B. der ‚Haustyrann' Heinz Erhardt, der im Dauerstreit mit seiner Untermieterin liegt.
Wenn man weiß, dass diese Hausgenossin eine Klavierlehrerin namens Grethe Weiser ist, die außer heftig klimpernden Schülern verschiedener Musikalität auch noch einen streitbaren Papagei und ein kläffendes Bündel Fell namens Hund beherbergt – dann weiß man zwar nicht alles, aber genug."

MARITA: Kurz nach der Premiere des Films feierte mein Vater am 20. Februar 1958 seinen 50. Geburtstag und nahm das zum Anlass für eine sehr persönliche Film-PR.

Statt Karten!

Allen meinen mehr oder weniger unterschätzten falschen Freunden und lieben Feinden sei kundgetan, daß ich heute vor 50 Jahren als sonniges Büblein in Riga aufmerksam das Licht der Welt erblickte.
Heute bin ich längst Hausbesitzer. Nun ja denn, also schön, aber was ich so alles mit meinen Mietern erlebe und erleide! Diese recht Unguten nennen mich „Haustyrann" — mich!!!
Einen ganzen Film hat man darüber gedreht. Am besten, Sie kommen zu meinem Geburtstag in die Schauburg, dann erst können Sie meinen tiefedelbittern Harm erfassen.

Mit mehreren Grüßen!

HEINZ ERHARDT, Hausbesitzer
Hamburg-Wellingsbüttel (Fasanenhain 9), Telefon 56 13 73

1959 – NATÜRLICH DIE AUTOFAHRER

MARITA: Am 14. Mai 1959 verwandelte sich der „Haustyrann" in dem Film **NATÜRLICH DIE AUTOFAHRER** in einen „Verkehrspolizisten". Die Regie führte wieder Erich Engels. Als Verkehrspolizist Dobermann war mein Vater der strengste Feind aller Autofahrer, bis er ein Auto gewinnt

Heinz Erhardt
in „Natürlich die Autofahrer"

Foto: Brigitte Dittner/Deutsche Film Hansa   Rüdel-Verlag

und Fahrstunden nehmen muss. Die Fahrlehrerin spielte Trude Herr. Der erste Witz war, dass mein Vater sich schon 1948 einen Volkswagen geleistet hatte und ein Vielfahrer war, während Trude Herr keinen Führerschein hatte.
In der Presse ist zu lesen: *„Von Autofahrern und solchen, die es werden wollen, erzählt der flotte Musik- und PS-Film:*

‚Natürlich die Autofahrer'. Autofahren sei keine Kunst. Dann erleben Sie mal mit Heinz Erhardt als biederem Hauptwachtmeister Dobermann die erste Fahrstunde seines Lebens! Anfahren kann man das nicht mehr nennen, Anhüpfen wäre treffender. Und während die beleibte Fahrlehrerin sich noch im Wagen und der Zuschauer vor Lachen schüttelt, ist Fahrschüler Erhardt bereits auf Verfolgungsjagd hinter einem wild schießenden Gangsterwagen her. Nur mit List, Tücke und einem Lotterie-Hauptgewinn gerät alles noch ins richtige Fahrwasser, besser: Fahrbahn. Ruth Stephan ist um eine Antwort nie verlegen und Peter Frankenfeld als Fahrprüfer karikiert sich selbst."

Der zweite Witz war sein Unfall in Norddeutschland, unmittelbar nachdem der Film abgedreht worden war. Ein Zeitungsbericht aus einem von Pappis Alben schildert es lustvoll: „Munter und nichts Besseres ahnend rollte Heinz Erhardt nach Beendigung der Aufnahmen zu seinem Film gen Norden, um eine Insel an der Küste Schleswigs mit seinem Humor zu überfluten. Da geschah es – in dem schönen Bad Zwischenahn.

Heinz Erhardt trudelte mit erlaubten 50 Sachen so für sich hin und wünschte sich in der strömenden Hitze etwas Abkühlung, gegebenenfalls in Form eines Gewitters. Kaum gewünscht, rumpelt es schon. ‚Aha, das Gewitter naht', freute sich der Exverkehrspolizst Heinz. Dann aber schlug es ein, das heißt, es bumste ganz gewaltig mit seinem Wagen und er saß mittendrin in dem Gerumpel, das jetzt nur noch Gerümpel war. Vier Autos, liebenswürdig aufeinandergefahren, erhielten von Heinz Erhardts Mercedes den Gnadenstoß.

Erstaunt sah Heinz Erhardt jetzt sein Polizistenspiegelbild auf sich zukommen. Mit den Worten: ‚Natürlich die Autofahrer!' zückte der Verkehrspolizist seinen Block und Heinz Erhardt war nicht entzückt, als er die Strafe blechen musste."

Seitdem ist diese gefährliche Kurve bei der Polizei als Erhardt-Kurve be-

---

Lack-Schaden ist besser als Dach-Schaden

Heinz Erhardt steht mit der Verkehrspolizei auf Kriegsfuß

Wenn Heinz Erhardt als Verkehrsregler in seinem neuen Film „Natürlich die Autofahrer" verzückt seinen Block zückt, dann sind die Autofahrer nicht entzückt – denn es hagelt Strafen. Die Verkehrssünder zucken verschüchtert zusammen, wenn der eifrige Automobilistenschreck hämisch lächelnd murmelt: „Natürlich die Autofahrer."

Wieviele der armen Sünder wünschen sich dann, daß der Verkehrsgewaltige einmal in die gleiche Lage käme wie sie. – Und die rächende Nemesis blieb nicht aus. Munter und nichts Besseres ahnend rollte Heinz Erhardt nach Beendigung der Aufnahmen zu seinem Film gen Norden, um eine Insel an der Küste Schleswigs mit seinem Humor zu überfluten. Da geschah es – in dem schönen Bad Zwischenahn. Heinz Erhardt trudelte mit erlaubten 50 Sachen so für sich hin und wünschte sich in der strömenden Hitze etwas Abkühlung, gegebenenfalls in Form eines Gewitters. Kaum gewünscht, rumpelt es schon. „Aha, das Gewitter naht", freute sich der Exverkehrspolizist Heinz. Dann aber schlug es ein, d. h. es bumste ganz gewaltig mit seinem Wagen und er saß mittendrin in dem Gerumpel, das jetzt ein Gerümpel war. Vier Autos, liebenswürdig aufeinandergefahren, erhielten von Heinz Erhardt's munterem Mercedes den Gnadenstoß. Erstaunt sah Heinz Erhardt jetzt sein Verkehrspolizistenspiegelbild auf sich zukommen. Mit den Worten: „Natürlich die Autofahrer" zückte der Verkehrspolizist seinen Block, und Heinz Erhardt war nicht entzückt als er die Strafe blechen mußte.

Mit dem Vorsatz, nie wieder einen Autofahrer aufzuschreiben, und einem verbeulten Kotflügel rollte Heinz Erhardt zur nächsten Reparaturwerkstatt. Seine kluge Frau aber hatte einen guten Trost für ihn: „Laß man Heinzchen, so ein bißchen Lackschaden ist noch lange nicht so schlimm wie ein Dachschaden". Über diesen Satz dachte Heinz noch lange nach. – Frauen sind manchmal sehr hintergründig.

kannt, natürlich fiel meinem Vater auch dazu etwas ein: *„Dass es jetzt außer Lollo-, Marilyn- und Sophia-Kurven nun auch eine Heinz-Erhardt-Kurve gibt, ehrt mich sehr!"*

*Wenn wir uns ans Steuer setzen,
um zum Arbeitsplatz zu hetzen,
können wir nur höchstens schleichen,
denn uns hindern viele Zeichen.*

*Ganz besonders sind's die Ampeln,
die auch Radfahrer beim Strampeln
und selbst Fußgänger, die gemsengleich hinüberwollen, bremsen.*

*Vom Direktor bis zum Penner
sind wir nichts als Ampelmänner.*

Heinz Erhardt war ein leidenschaftlicher Autofahrer

1959 – DRILLINGE AN BORD

MARITA: Im dritten Film, den mein Vater 1959 drehte, spielte er gleich dreimal die Hauptrolle: Heinz, Otto und Eduard Bollmann in **DRILLINGE AN BORD**.

Auch hier war Trude Herr seine Partnerin. Von ihr stammt auch eine wunderbare Erinnerung an die Dreharbeiten und an die Situationskomik, als mein Vater baden ging.

„Wir drehten in Göttingen bei der deutschen Film-Hansa. Ich war damals schon recht dick und Heinz auch. Wir hatten eine Liebesszene zu spielen. Dabei mussten wir ständig die Schaukelbewegungen des Schiffes nachmachen. Damit wir uns auch schön synchron bewegten, wurden wir unten mit einer Kordel zusammengebunden. So standen wir mit unseren dicken Bäuchen aneinander, schaukelten im Gleichklang und schüttelten uns vor Lachen. Wir hatten schon die 14. Einstellung verpatzt. Wir rissen uns zusammen, denn wir wollten die Szene endlich in den Kasten kriegen.

In der Dekoration stand ein großer Spiegel, in dem ich sah, wie die Bäuche des Regisseurs und des Produktionsleiters vor Lachen wackelten. Die sahen genauso aus wie wir.
Ich konzentrierte mich so gut es ging, als ich aber merkte, dass der Bauch von Heinz wieder zu wackeln anfing, war es vorbei.
Vor den Dreharbeiten hatten wir uns gefreut, endlich mal nach Afrika zu kommen. Aber auch die Busfahrt durch die Wüste wurde im Göttinger Atelier gedreht. Der Studioboden wurde mit Sand bedeckt. Der Bus war nur eine Attrappe, er konnte gar nicht fahren. Deshalb liefen im Hintergrund Bühnenarbeiter mit Palmen vorbei. Da die Palmen beim Gehen immer auf und ab wippten, musste die Einstellung oft wiederholt werden.
Einmal habe ich Heinz das Leben gerettet.
Ich sollte über die Reling springen. Nun geht das ja normalerweise nicht, weil die viel zu hoch ist. Und das war auch auf unserem Schiff so – der Hanseatic. Heinz lief bis an die Reling – Bein drüber – Schnitt – und dann wurde eine Puppe geworfen. Ich lief mit dem Rettungsring hinterher.
Für die Anschlussszene hatte man im Atelier eine Reling von außen aufgebaut, über die ich springen sollte. Unten stand die Feuerwehr mit einem Auffangtuch. ‚Bevor ich das tue', sagte ich, ‚soll mir das mal einer der Feuerwehrmänner vormachen!'
‚Wir sind doch nicht blöde, das Sprungtuch ist dreißig Jahre alt und noch nie gebraucht worden!'
Ich bat darum, dass man ein paar Plumeaus ins Tuch legt, dann bin ich über die Reling gesprungen. Prompt zerriss – Gott sei Dank – nicht das alte Sprungtuch, sondern meine

 enge Satinhose bis, Gott weiß, wohin. Die Kostümbildnerin hatte sofort eine neue zur Hand. Die hatte das wohl kommen sehen. Nun mussten wir ins Becken. Gedreht wurde in der Göttinger Schwimmhalle.
Die Kacheln wurden mit einer Plane abgedeckt und ein Haufen Rettungsschwimmer stand bereit, Wellengang zu erzeugen. Der Kameramann lag auf einem Sprungbrett. Ich sollte grätschbeinig über ihn hinweggehen und vor der Kamera ins Wasser springen. Das war eine unheimlich wackelige Angelegenheit und ich hatte Angst, dem Kameramann mit dem Hintern aufs Gesicht zu fallen.
Ich sollte Heinz mit dem Rettungsring aus dem Wasser holen. Da Heinz Nichtschwimmer war, drehten wir die Szene im Kinderbecken.
Die Rettungsschwimmer machten Wellen. Ich sprang und kam mit dem Rettungsring auf ihn zugeschwommen. Er greift daneben und rutscht unter mir weg. Ich merkte sofort, dass er am Absaufen war. Die Rettungsschwimmer haben natürlich nichts mitgekriegt. Ich habe ihn am Kragen gepackt, den Rettungsring übergestülpt und ihn prustend zur Treppe gezogen. Das Team war begeistert über diese realistische Szene.
Heinz Erhardt weniger; schnaufend meinte er: *Ich bin ausgerutscht und habe euch in meiner Todesangst sogar unter Wasser noch lachen gehört.'"*

Mein Vater und Wasser, das war ein Kindheitstrauma. Er hat es 1971 einem Reporter der **Bild und Funk** berichtet: „Als sechsjähriges Kind sollte ich schwimmen lernen. Meine Stiefmutter, eine erfahrene Schwimmerin, warf mich kurzerhand in einen Teich. Ich verfing mich in den Wasserpflanzen, an die niemand gedacht hatte, und tauchte unter. Man fischte mich heraus und musste Wiederbelebungsversuche anstellen."
Auch bei **DRILLINGEN AN BORD** gab es wieder viel Lob. Das **Hamburger Abendblatt** schrieb: „Doppelrollen waren im deutschen Nachkriegsfilm ausgesprochen selten geworden. Nun kommt der Lustspielfilm ‚Drillinge an Bord' gleich mit einer Dreifach-Rolle. Mit komplizierten Kameratricks wurden Heinz, Eduard und Otto Bollmann in brüderlicher Zwie- und Eintracht so auf die Leinwand gezaubert, dass man beinahe glauben könnte, Heinz Erhardt gäbe es tatsächlich dreimal. Der beliebte Komiker kann dabei natürlich alle Register seines Talents ziehen.
Wenn er nacheinander den Schiffsbarbier und den Steward durch seine dreifache Existenz narrt, von einer Gangsterbande zweimal über Bord gehievt und in einen Wüstenbrunnen versenkt wird, dann dürfte es im Parkett stürmischen Seegang geben.
Zu guter Letzt endet natürlich alles happy – sogar dreifach –, wie es bei einem Heinz-Erhardt-Film nicht anders sein kann. Seine Partner auf dieser ereignisreichen Vergnügungsreise sind Ann Smyrner, Trude Herr, Paul Dahlke, Günter Pfitzmann, Billy Mo und Ingrid van Bergen. Am Ruder des Drillingsschiffes stand Hans Müller im Auftrag der Deutschen Filmhansa."

ENDE DER 50ER-JAHRE – ES IST LEICHTER, DEN MUND ZU HALTEN ALS EINE REDE

Mit eiserner Disziplin hat sich Heinz Erhardt jahrzehntelang seiner Berufung gewidmet – dem Humor.

MARITA: Neben der Filmarbeit war mein Vater Ende der 50er-Jahre pausenlos unterwegs. Die Verbissenheit, mit der er seine Karriere vorantrieb, hing, davon bin ich überzeugt, mit tief sitzenden Existenzängsten zusammen, die ihn sein ganzes Leben nicht mehr losgelassen haben. Dabei ging es uns finanziell in diesen Jahren immer besser. Sein Terminplan war prall gefüllt.

Wenn er nicht auf Tournee war – mit Lustspielen oder Bunten Abenden – dann stand er garantiert in Hamburg auf der Bühne oder bereitete eine neue Produktion vor.

Neben Proben und Vorstellungen schrieb und feilte er zu Hause an seinen Texten. Ständig kamen ihm neue Ideen in den Kopf. Er war quasi gedanklich immer bei der Arbeit. Es konnte passieren, dass er mitten im Gespräch aufstand und an seinem Schreibtisch verschwand, um sich Notizen zu machen.

Auf den gemeinsamen Fahrten mit meiner Mutter, so erzählte sie, fuhr er manchmal plötzlich von der Autobahn ab, hielt am Straßenrand und eine wichtige Idee in seinem Notizbuch fest. *(Hahahahah, ein „echter" Erhardt.)*

Es war auch in den ersten Jahren in Wellingsbüttel, dass Pappi begann, seine Erinnerungsalben zu kleben. Seit 1947 hatte er Kritiken, Plakate und Zeitungsausschnitte gesammelt, in denen sein Name vorkam. Er kaufte ein dickes, sperriges Fotoalbum mit einem stabilen Pappdeckel und Ledereinband und klebte die Dokumente seines Erfolgs darin ein. Später kamen zu den Zeitungsausschnitten Theaterfotos, Filmplakate, Werbeprospekte, Leserbriefe und vieles mehr dazu. Insgesamt füllt er bis zu seinem Schlaganfall 1971 ganze 19 fette Fotoalben, die er vor allem in späteren Jahren durch private Notizen ergänzte.

Im siebten Album finden sich zwei Artikel aus Mannheim/Ludwigshafen mit einer Kritik zu einem Unterhaltungsabend: „Wegen des anhaltenden Regens war das Kulturamt in Ludwigshafen drauf und dran, den Unterhaltungsabend ‚Triumph der guten Laune' kurzfristig abzusagen. Doch der andere Heinz namens Hoffmeister, einer der bekanntesten Tournee-Veranstalter (La Jana) wusste, dass sich das Publikum trotz nasser Stühle, dampfender Parklandschaft und feuchter Nachtluft im Ebertpark einfinden würde. Und siehe da: Die Ludwigshafener strömten, wie man so sagt, zuhauf."

„Unter den deutschen Kabarettisten gibt es zwei Brillenträger: Werner Finck und Heinz Erhardt.

Beide sind intellektuelle Außenseiter, die sich etwa gleicher Mittel bedienen: nur halbe Sätze zu sprechen, meisterhaft mit Worten zu spielen, sich ein bisschen vertrottelt zu geben und jene Weisheit des Herzens hervorzukehren, die zwischen Moritat und Satire liegt.

Wenn sich Erhardt selbst als Schelm bezeichnet, rechnet er sich zu den Eulenspiegeln. Er besitzt genau das richtige Maß von Einfalt und Gewitztheit, das sich unter der Schellenkappe Tills verbirgt. Seine ersten Worte, als er die Bühne im Ebertpark betrat, waren: ‚Es ist leichter den Mund zu halten, als eine Rede.'"

Von seinen selbst eingemachten Werken streute er nur zwei Gedichte ein, darunter „Das Gewitter", zu dem er sich von den Pressefotografen Blitze bestellte. (...)

Das Gewitter

Der Mond verbirgt sein bleiches Licht,
die Sterne am Himmel, sie funkeln nicht.
Die Nacht ist schwül.
Im Herzen wird bang.
Der Uhu krächzt einen Totengesang.

Da --- bricht's aus schwarzer Nacht hervor,
als wäre geöffnet der Hölle Tor,
als stünden die Säulen des Erdballs in Flammen,
als stürze das ganze Weltall zusammen,

und aus der Wolken feuchtem Schoß
der Regen in Strömen sich ringsum ergoss,
als wollten des Wassers wilde Gewalten
das Land zum unendlichen Meere gestalten.

Und wie es so stürmet und brandet und kracht,
da --- nein da – nein, haben wir heute überhaupt nicht da!
da – tritt eine Jungfrau hinaus in die Nacht
und ruft in die tosenden Winde hinaus:
„Na, das ist 'n Dreckwetter, da bleib' ich zu Haus."

„ (...) Am Schluss der Veranstaltung im Ebertpark verließ er die Bühne und verabschiedete sich mit Händedruck persönlich von seinem Publikum.
Als man ihm eine Flasche Henkell Trocken überreicht, bedankt er sich mit den Worten: ‚Oh, eine Flasche Henkell Nass, aber ich habe doch zwei bestellt!' – Da soll einer noch ernst bleiben.
Die Pflicht des Chronisten kann bei Heinz Erhardt nur darin bestehen, ihn wörtlich zu zitieren, weil jedes Wort für ihn spricht."

Filme, Theater in Hamburg; danach Tourneen quer durch Deutschland, im Sommer Bäder-Gastspiele; und dazwischen immer wieder Bunte Abende.
Mein Vater war Ende der Fünfzigerjahre permanent unterwegs.
„Herr Erhardt, was tun Sie in Ihrer Freizeit?" – „Ich bin beruflich unterwegs."

Wir – seine Kinder – hatten weniger von ihm als sein Publikum.
„Ich bin als Vater nicht das beste, sondern allenfalls das zweitbeste Stück. Denn gerade bei uns geht es ohne Mutter nicht. Als unsere Kinder noch klein waren, sah mich meine Familie beinahe elf Monate im Jahr überhaupt nicht und so hatte ich Mühe, mich als Vater auszuweisen. Wie praktisch, wenn man also nicht nur vier Kinder, sondern auch noch eine Ehefrau hat, die ihren Mann steht. Also mich.

Das ist bei vier Sprösslingen nicht einfach, aber auch wieder nicht so schwer, wenn man das Leben mit Humor betrachtet.

O bitte, nein, wir liegen zu Hause nicht alle miteinander den ganzen Tag auf dem Bauch und lachen, aber wir haben alle die Begabung, zu albern.

Wir leben alle heute noch zusammen – die Älteste ist ‚nebenan' verheiratet – und erholen uns nicht auf Reisen, sondern zu Hause. Zugegeben, es geht uns gut. Aber wir haben auch schlechte Zeiten erlebt.

Wem es in unserer wirtschafts-wunderlichen Zeit gut geht, der sollte sich das immer bewusst vor Augen halten und weder die eigene, vergangene noch die gegenwärtige Not vergessen. Moralpredigt? Meinetwegen. Aber auch Egoismus: Denn Sie fühlen sich, wenn Sie so denken, viel zufriedener und sehen die kleinen und großen Fußangeln des täglichen Lebens nicht mehr im CinemaScope-Format, sondern im verkehrt gehaltenen Opernglas stark verkleinert.

Leicht leben ohne Leichtsinn, das ist die Kunst des Lebens, hat – glaube ich – Fontane gesagt.

Ich darf dazu mit einem eigenen gesammelten Werk schließen und reimen:

> *Ich wälze nicht schwere Probleme*
> *und spreche nicht über die Zeit.*
> *Ich weiß nicht, wohin ich dann käme!*
> *Ich weiß nur: Ich käme nicht weit!"*

(Aus der Film-Revue 3.1.1961)

rechts: Heinz Erhardt mit Gilda, Grit, Verena, Gero und Marita

1960 – BEI ERHARDT MUSS MAN LACHEN

MARITA: Das neue Jahr 1960 begrüßte mein Vater als Vizekönig in der Premiere bei Peter Ahrweiler und mit diesem kleinen Gedicht:

Ein Jahr vergeht und keiner kann es halten.
Wie man's auch dreht – man legt es zu dem alten.
Das neue Jahr – es stimmt mich bang und bänger:
Ein Schaltjahr ist's ... und dadurch etwas länger!

Ein Tag ist's nur, doch liegt er schwer im Magen.
Was soll's? Ich werde trotzdem Prost ihm sagen!
Was nützt's, wenn ich mich mit Gedanken quäle?
Es rinn' das Jahr als guter Jahrgang durch die Kehle!

Drum euch – und mir – als letzter Trost:
Dem neuen Jahr ein dreifach „Prost!"

Am 4.1.1960 schreibt das **Hamburger Echo**: „Mit voller Fahrt und vorwiegend heiter rasselt in der Hansestadt der Theater-Karren ins neue Jahr. Gleich fünf Premieren stehen auf dem Programm:
„Monsieur Topaze" mit Richard Münch im Schauspielhaus.
„Spiel zu zweit" mit Dieter Borsche in den Kammerspielen.
„Eine kleine Traumfabrik" im Jungen Theater.
„Snieder Nöring" im Ohnsorgtheater und
„Der Vizekönig" mit Heinz Erhardt in der Kleinen Komödie.

Als rechtschaffender Versicherungsagent, dem im exklusiven Rivierahotel wider Willen das Gerücht angedichtet wird, der Vizekönig von Indien zu sein, ist dieser echte, mit Worten so gut wie mit Gesten jonglierende Komiker wieder einmal köstlich. Am liebenswürdigsten sind die erstaunlich graziösen Schnörkel, die er mit seiner recht massiven Person zu machen versteht."

Drei Monate spielte mein Vater den Vizekönig vor ausverkauftem Haus in der Kleinen Komödie in Hamburg, bevor es mit der gleichen Besetzung und dem Stück auf große Deutschland-Tournee ging.
In einer dieser Vorstellungen saß auch der Regisseur William Thiele, der vor den Nazis aus Wien geflohen und in Hollywood reüssiert hatte. Wir kannten ihn noch von seinem Klassiker „Die drei von der Tankstelle". Für ihn stand danach fest, dass kein anderer als Heinz Erhardt die Hauptrolle in seinem neuen Film, den er wieder in Deutschland drehen wollte, sein konnte. Im Mai begannen die Dreharbeiten zu **DER LETZTE FUSSGÄNGER** im Schwarzwald und mein Vater meinte: *„Die schönste Filmrolle, die ich bisher gespielt habe. Sie ist mir regelrecht auf den Leib geschrieben."*

Diesen Film betrachtete mein Vater als künstlerischen Wendepunkt. In einem Zeitungsartikel, der am 31. Juli 1960 erscheint, wird er zitiert mit den Worten: *„Ich befinde mich momentan in einem Übergang. Ich muss mich neu orientieren."*

Er hat Angst, dass ihn sonst keiner mehr sehen möchte und beschließt, weniger Filme zu drehen: *„Wenn die Leute einen in drei Meter Größe auf der Leinwand sehen, dann* sind sie hinterher enttäuscht, wenn man bloß mit 1,80 m auf der Bühne steht."

Um im Gespräch zu bleiben, setzte er auf Radio und Schallplatte: „Wenn das Publikum einen nur hört, dann ist es neugierig, einen auch persönlich einmal auf der Bühne zu sehen. Das ist die beste Reklame für Tourneen. Wer den Erhardt ständig auf der Mattscheibe hat, gibt kein Geld aus, sich ihn in natura anzusehen."

Pappis große Liebe gehörte nach wie vor dem Kabarett und der Bühne. Dem neuen Medium Fernsehen gegenüber war er sehr verhalten. Und er ist froh, in **DER LETZTE FUSSGÄNGER** im Charakterfach zu spielen.

Bisher war es oft so, dass die Regisseure sagten: „Lass den Erhardt nur machen, der weiß schon, wie er das spielen und sagen muss."

Die Presse war darüber geteilter Meinung, wie man sehr schön an zwei Artikeln aus Frankfurt vom 16.9. sehen kann: Die **Nachtausgabe** schreibt: „Er hat schon etwas herzgewinnend Sympathisches an sich, dieser ‚letzte Fußgänger'. (…) Heinz Erhardt, selten von einem Regisseur so gut erfasst wie hier von William Thiele, spielt mit Wärme und Humor."

Aber die **Rundschau** sehnt sich nach dem alten Heinz Erhardt zurück: „Lieber Heinz Erhardt! (…) Bitte, spiel keinen dieser betulich-mittelmäßigen Filme mehr, die aus der Mottenkiste stammen. Schade, dass du kein Choleriker bist. Aber bitte, habe die Stirn, sie zu runzeln ob solcher Situationen und Dialoge, die man dir hier zumutet. Schreib sie lieber selber. Wer's besser kann, sollte es auch tun!"

CHRISTINE KAUFMANN (Der letzte Fussgänger) (1959)

„Der letzte Fußgänger"

Lieber Heinz Erhardt

In der anschließenden Conférence nach der Uraufführung haben wir Dich wiedererkannt: den Meister erlesener Albernheiten und weiser Torheiten, den Initiator erlösenden Gelächters über uns und die Welt. Aber bitte, spiel keinen dieser betulich-mittelmäßigen Filme mehr, die aus der Mottenkiste stammen. Schade, daß Du kein Choleriker bist. Aber bitte, habe die Stirn, sie zu runzeln ob solcher Situationen und Dialoge, die man Dir hier zumutet. Schreib sie lieber selber. Wer's besser kann, sollte es auch tun!

Du bist viel zu gescheit, um nicht zu wissen, was für einen Unterhaltungs-Wechselbalg man Dir hier unterschob, damit Du ihm zum Erfolg verhelfest („Onkel heißt es günstigenfalls").

Du lieber, sensibler Humorist — an was sollen wir uns denn halten, wenn selbst Du dem Terror der „Publikumswirksamkeit" verfällst? Wir hören so oft und so gerne heiter mit Dir, aber bei dem „letzten Fußgänger" waren wir traurig. Laß es bitte das Letzte sein, was Du auf dem Gebiet des geistigen und komödiantischen understatement mitgemacht hast.

Der kleinen Christine Kaufmann meine Grüße. Sie hat eine so liebe Ausstrahlung, daß das Weiterarbeiten bei ihr einen Sinn hat. Was man nur von wenigen deutschen Sternchen sagen kann.

Lieber Heinz Erhardt — ich hebe das Glas auf einen Film, in dem Du weder verkleinert noch beschränkt wirst, sondern als der wirken kannst, der Du bist: als der Hausfreund der deutschen Sprache, ihre Vorzüge und ihre Schwächen liebevoll und meisterhaft ins rechte Licht zu rücken weiß. (Grand-Palast) Dein N. A.

Frankfurt Rundschau 16.9.60

Uraufführung: Der letzte Fußgänger
Grand-Palast

Er hat schon etwas herzgewinnend Sympathisches an sich, dieser „letzte Fußgänger". Nicht nur weil er seinen Urlaub wandernd im Schwarzwald verbringt, sondern weil er überhaupt mit so fröhlicher Konsequenz den vielen Schein-Idealen unserer Zeit entgegenlebt.

Daß er als Pseudo-Pappi ein erfrischend junges Mädchen in die Welt seines natürlichen Empfindens einführt, macht ihn — vor allem, da er es anfänglich ganz gegen seinen Willen und nie schulmeisterlich tut — doppelt liebenswert.

Heinz Erhard, selten von einem Regisseur so gut erfaßt wie hier von William Thiele, spielt mit Wärme und Humor. Christine Kaufmann hat Keckheit und jugendlichen Charme.

Leider geraten beide von der Mitte ihrer Reise an in die höchst überflüssige Begleitung zweier junger Männer. Weder die Einfälle der Regie noch der Wortwitz eines Werner Finck können am Ende über die trostlos verpfuschte Atmosphäre hinwegtäuschen. Ge.

Nachtausgabe, Frf/M 16.9.60

Heinz Erhardts Filme
Eine Unterhaltung mit dem „letzten Fußgänger"

Heinz Erhardt
in „Der letzte Fußgänger"
Foto: Brigitte Dittner/Deutsche Film Hansa   Rüdel-Verlag

In Peter Ahrweilers „Kleiner Komödie" am Neuen Wall in Hamburg saß vor einiger Zeit Hollywood-Heimkehrer William Thiele, noch in guter Erinnerung durch seine schon „klassisch" gewordenen Lustspiele „Die drei von der Tankstelle", „Die Privatsekretärin" mit Renate Müller und andere unvergeßliche Lustspielfilme. Auf dem Programm stand „Der Vizekönig". Als William Thiele nach drei Stunden das Theater wieder verließ, stand es für ihn fest: Die Hauptrolle in seinem ersten deutschen Film nach über 27jähriger Pause konnte kein anderer als „Vizekönig" Heinz Erhardt spielen.

Heinz Erhardt war inzwischen als „letzter Fußgänger" unterwegs. Mit Christine Kaufmann zog er im Mai und Juni durch den Schwarzwald und stand anschließend für Innenaufnahmen im Göttinger Atelier. „Die schönste Filmrolle, die ich bisher gespielt habe", sagt Heinz Erhardt, wenn man ihn auf diese Dreharbeiten hin anspricht. Das ist keine der üblichen Floskeln, sondern das sagt er mit Überzeugung. „Die Rolle ist mir regelrecht auf den Leib geschneidert." Man könnte auch sagen, Heinz Erhardt sei mit seinem „letzten Fußgänger" nun in das Rollenfach der Filmsnobs übergewechselt. Denn immerhin hat er sich im deutschen Film vom Radfahrer („Immer die Radfahrer") zum Autobesitzer („Natürlich die Autofahrer") hinaufgearbeitet, um nun als Fußgänger der Zivilisation und Technik seine ganze Mißachtung zu erweisen. Tatsächlich ist Heinz Erhardt in dem Film aber alles andere als ein Snob. Sein Gottlieb Sänger ist ein verträumter, älterer Sonderling, Archivar bei einem Zeitungsverlag, der es mit Jean Jacques Rousseau hält: „Zurück zur Natur". Straßenbahnen, Automobile und Motorräder verabscheut er zutiefst. Sein Steckenpferd ist das Wandern in Gottes freier Natur. Hier findet er in Verbindung mit dem „Kosmos", die er auch bei seinen allmorgendlichen Yogaübungen sucht. Überdies fotografiert er leidenschaftlich gern. Ein Mensch, dessen Weltbild gerundet ist. Eine jener beneidenswerten Naturen, die sich noch nicht von Hast und Tempo unserer Zeit haben anstecken lassen und die nicht dem Mammon nachjagen, sondern sich mit sich selbst und ihrem festgezogenen Lebenskreis begnügen. Wer Heinz Erhardt vom Theater, vom Film, vom Funk oder vom Kabarett her kennt, weiß, daß heute in der Bundesrepublik außer Heinz Rühmann kaum jemand diese Rolle hätte spielen können. Tatsächlich war sie Rühmann auch schon einmal angeboten worden, aber er hatte wegen Terminschwierigkeiten abgesagt. Bei dem gemütvollen Heinz Erhardt mit seiner rundlichen Pfiffigkeit ist sie jetzt in besten Händen.

Wie ernst dieser humorige Verseschmieder und Wortedrechsler an seine Aufgaben herangeht und wie ernsthaft er sich mit seinem Beruf und seiner Karriere auseinandersetzt, das kann man indes nur erfahren, wenn man einmal Gelegenheit hat, mit ihm ins Gespräch zu kommen. Nach seinen ungezählten Erfolgs-Gastspielen auf der Bühne und vor der Filmkamera, auf dem Brettl und auf der Varietébühne, in Funk und Fernsehen ist Heinz Erhardt jetzt, wie er selbst meint, an einem Wendepunkt seines künstlerischen Schaffens angelangt. „Ich befinde mich momentan in einem Übergang", sagt er. „ich muß mich neu orientieren." Und er zählt die Namen einiger bekannter Film- und Brettl-Humoristen auf, die an ihrer „Masche" zugrunde gegangen sind und die heute niemand mehr sehen will. Diesem Schicksal will Heinz Erhardt entgehen. Dazu gehört als erstes, daß er sich beim Film rarer machen will. „Wenn die Leute einen in drei Meter Größe auf der Leinwand sehen, sind sie hinterher enttäuscht, wenn man bloß mit 1.80 m auf der Bühne steht." Die besten Möglichkeiten, im Gespräch zu bleiben, sieht Heinz Erhardt beim Funk und bei der Schallplatte. „Wenn das Publikum einen nur hört, dann ist es neugierig, einen auch persönlich einmal auf der Bühne zu sehen. Das ist die beste Reklame für Tourneen." Denn trotz Funk und Schallplattengeschäft, in das er jetzt mit einigen zugkräftigen Nummern eingestiegen ist, gilt Erhardts große Liebe nach wie vor der Bühne und dem Kabarett. Mit großer Freude erzählt er von seinen Erfolgen im „Vizekönig", der in Hamburg allein vier Monate Abend für Abend auf dem Programm stand und mit dem er anschließend auf Tournee gegangen ist. Seinen großen Publikumserfolg in diesem Stück führt er darauf zurück, daß er hier kabarettistisches Theater unter Einbeziehung des Publikums spielen konnte. Die „Vizekönig"-Tournee soll im Herbst voraussichtlich mit teilweise neuer Besetzung weitergeführt werden.

Vom Fernsehen möchte sich Heinz Erhardt ebenfalls distanzieren. Zwar hat er erst vor einigen Monaten eine eigene Werbefernseh-Gesellschaft gegründet, aber er tritt in seinen Werbefilmen nie persönlich in Erscheinung, sondern schreibt nur Texte und Drehbücher. Er hält das Fernsehen seiner weiteren Karriere bei Bühne und Kabarett für abträglich. „Wer den Erhardt ständig auf der Mattscheibe sieht, gibt kein Geld aus, sich ihn in Natura anzusehen." Man spürt deutlich die Wandlung, die mit Heinz Erhardt vor sich gegangen ist. Flickte er vor einigen Jahren bei der Unterhaltung noch laufend „Blödeleien" ins Gespräch, so berichtet er heute sehr sachlich und nachdenklich über seine Pläne. Er weiß, daß sich jeder Künstler, besonders wenn er auf einen bestimmten Typ festgelegt ist, immer von neuem behaupten und durchsetzen muß. Stillstand bedeutet Rückschritt und schließlich Vergessen. Noch'n Gedicht-Verseschmieder Erhardt ist daher auch sehr froh, daß Regisseur William Thiele in diesem Film sehr intensiv mit ihm gearbeitet hat. „Bisher war es oft so", sagt Erhardt, „daß die Regisseure sagten: ‚Laß den Erhardt nur machen, der weiß schon, wie er das spielen und sagen muß'."

„Der letzte Fußgänger" ist denn auch ein anspruchsvoller Lustspielfilm mit menschlichem Tiefgang. Heinz Erhardt hat mit William Thiele sehr ernst daran gearbeitet. Man darf überzeugt sein, daß dabei etwas recht Vergnügliches herausgekommen ist.

Hannover, 31.7.60

LIEBE SCHALL- UND PLATTENFREUNDE!

VERENA: Die Bühne war Pappis große Liebe, dazu kamen Film und Fernsehen. Ab der Mitte der 50er-Jahre jedoch auch Schallplatten, mit denen er sogar die Hitparaden stürmte.

Auch, als wir noch nicht viel Geld hatten, gab es immer ein Klavier im Haus und als er in den Fünfzigerjahren endlich besser verdiente, kaufte er sich für den gewaltigen Betrag von 7.000 DM einen Flügel. Er wurde zum Mittelpunkt unseres Hauses und ich erinnere mich an viele Abende, an denen ich schon im Bett lag und Pappi am Flügel improvisierte. Das Publikum kennt ihn – auch von den Platten – für seine komischen Kompositionen und Schlager, die gar nicht immer von ihm selbst komponiert waren. Zu Hause spielte er eher ernsthaft, träumerisch, jazzig-verswingt. Seine Lieblingskomponisten, die er auch in seiner Jugend in Riga schon verehrt hatte, waren Tschaikowski, Rachmaninow und Chopin.

In den Sechzigerjahren erschienen neben Musikplatten wie „Peppercorn" auch LPs wie „Noch'n Gedicht und andere Ungereimtheiten", „Heinz Erhardt" und „Selten so gelacht".

„Peppercorn" hat mein Vater sogar mit Kritik und einem Werbeschreiben, das er selbst verfasst hat, in sein 12. Album aufgenommen.

Zu Bestsellern wurden die Platten aber erst nach seinem Schlaganfall, als Pappi nicht mehr auftreten konnte.

Liebe Schall- und Plattenfreunde!

Nicht nur ein Richter richtet, nein, auch ich richte - und zwar mich an Sie mit der Bitte, diesem Schreiben Ihr Auge oder besser gesagt: Ohr zu leihen. Sie können sich letzteres von der ELECTROLA GmbH wieder abholen.

Es handelt sich nämlich darum, daß jeder, der handelt - sei es mit Besonnenheit, sei es mit Schallplatten - sich darüber freut, wenn er seine ideellen resp. materiellen Werte an den Mann bzw. die Frau bringen kann. Und so auch ich!

Ich freue mich, Sie auf zwei Schallplatten aufmerksam machen zu dürfen, deren eine in überaus geistvoller Form die Tragik eines Herrn Mister Peppercorn zum Inhalt hat, während die andere - von meinem Freund Paul Kuhn vorgetragen - die vielfältigen Schicksale seines Dackels Waldemar beschreibt.

Beide Neuerscheinungen haben - wenn sie auch inhaltlich weit auseinandergehen - etwas Gemeinsames: beide werden mit Tempo 45 gespielt! (Nur wer es sehr eilig hat, schalte auf „73" um!)

Ich wünsche Ihnen mit dem DACKEL WALDEMAR und Herrn PEPPERCORN viel Vergnügen und rufe abschließend aus - beide Titel unter einen Hut bringend: da liegt der Hund im Pfeffer!!!

Immer Ihr

Heinz Erhardt

◀ „Automation ist alles", sagt Heinz Erhardt in seinem hintergründigen Humor. Bild unten: Mr. Erhardt stellt sich und seine Familie Peppercorn vor. „Stellen Sie sich vor: Die heißen alle Peppercorn. Darauf 'nen Korn!"

Heinz Erhardt – Vom Hot zum Hit?

Heinz Erhardt fällt ein Schlagertext nicht schwer, sondern gleich ein. In diesem Fall jedoch fragte er jemanden anders: „Was fällt Ihnen ein?" Und dieser, ein Textdichter, antwortete: „Mister Peppercorn" (Electrola E 22 674). Dazu Heinz Erhardt: „Als ich den Text und die Noten zu diesem Werk bekam, war ich so begeistert, daß ich mir sagte, Herr Erhardt, ach nein, Heinz sagte ich zu mir, denn ich duze mich ja, dieses Lied gönnst du keinem anderen, das singst du selbst!" Fürwahr, so ließ er bei der Schallplattenaufnahme zu „Mister Peppercorn" die Worte heiter aus dem Gehege seiner Zähne fallen, was auch in jedem Fall besser war, wie er selbst sagte, als wenn ihm das Gehege seiner Zähne ins Wort gefallen wäre. Wir meinen allerdings: Der ganze Schlager wirkt nur durch die Vortragsart Heinz Erhardts. Wenn ihn ein anderer sänge, könnte man – wieder mit Heinz Erhardt – das sagen, was er am Ende dieser Platte bemerkt: „Da kann man nur irgend etwas schütteln, und wenn's der Kopf ist." Ob er damit auf den Text anspielt? Auch Sie sollten etwas fassen, geneigter Leser, am besten zunächst sich und dann den Entschluß, sich diese Platte zu kaufen. Sie ist hot. Wird's 'n Hit?

Die Doppel-LP „Was bin ich wieder für ein Schelm" von 1972 brachte ihm sogar posthum 1984 die Goldene Schallplatte ein.

Auch entdeckten Ende der Sechzigerjahre die deutschen Heimatvereine in den USA Heinz Erhardt und Plattenbestellungen aus dem Ausland häuften sich. Mein Vater schrieb darüber: *„Das ist kein Wunder. Durch den weiten Umweg bin ich für die noch so neu wie 1939 hier bei uns. Ich muss es zu meiner Schande gestehen! Ich lache über meine eigenen Schallplatten noch immer, nach 30 Jahren im Show-Geschäft."*

Noch jahrelang nach 1971 erschienen Platten mit Mitschnitten seiner Bühnenauftritte und hielten die Erinnerung an das, was Pappi am meisten Spaß bereitet hatte, nämlich vor Publikum aufzutreten, am Leben.

HEINZ ERHARDT UND DAS FERNSEHEN

VERENA: 1961 begann mein Vater mit dem Einakter „Der vertauschte Mantel" im „Haus Vaterland". Anschließend war Premiere in der „Kleinen Komödie" mit dem Stück „Lieber reich, aber glücklich".

Die Wirtschaftswunder-Jahre boomten. Doch die Theater und Varietés litten unter dem immer beliebter werdenden Fernsehen. Mein Vater hatte nicht die Absicht, im Fernsehen aufzutreten, er stand dem Medium sehr kritisch gegenüber:

„Während man auf der Filmleinwand manchmal einen drei Meter großen Kopf hat, wird man auf dem Bildschirm zum Pygmäen!

Aber vielleicht ist es gerade die Kleinheit, die im Fernsehzuschauer teils väter-, teils mütterliche Gefühle auslöst, sofern ihm der Darsteller sympathisch ist. Er sagt sich: ‚Gott, ist der Kleine nüdlich – – – und so hülflos! Oh, wie nett er eben gezwinkert hat – und nun ist er böse, wie ein Großer.'

Anders ist es, wenn der Betrachter lieber ein Fußball-Länderspiel erleben oder einen wissenschaftlichen Vortrag, etwa über das Thema ‚Elementare Elemente der hyperphosphärischen Rekonvaleszenz' hören möchte.

Und dann kommst du Däumling mit deinem Gequatsche! Oder einer hat Krach mit seiner vierten Frau und möchte sich nun bei Tschaikowskis Fünfter ausweinen ... Stattdessen erscheinst du und reißt Possen!

Das ist eben die große Gefahr, der du als Fernsehstar ausgesetzt bist: Du gerätst leicht an die falsche Adresse! Im Kino dagegen sieht dich nur der, der dich sehen will."

HEINZ ERHARDT
in
»Lieber reich - aber glücklich«

Es hat mich beauftragt. So bin ich ein Beauftragter des Fernsehens geworden. Gleich zuerst komme ich Ihnen spanisch vor. Besser: englisch. In „Abenteuer in Norfolk" bin ich ein biederer britischer Ferienbürger, der auf einem verlassenen Landsitz in eine mysteriöse Kriminalgeschichte hineingezogen wird. Das ist gar nicht komisch und ulkig, sondern hoffentlich nur spannend.

Falls Sie mich lieber blöd sehen wollen, folgen etwas später die Filme: „Eine gewisse Marietta", „Der Fachmann", „Ein ruhiges Stündchen", „Willi Winzig" und „Der Kurpfuscher". Ist nun der Film schuld, dass sich das Fernsehen mit mir einlässt, liegt's an Ihnen oder an mir selber? Jedenfalls televisioniere ich im Sommer ohne Rücksicht auf Verluste. – Können Sie mir das nach- und fernsehen?"

Mit Beginn der Sechzigerjahre veränderte sich seine ablehnende Haltung langsam und mein Vater gründete eine Fernsehfilmproduktion.

„Seit jeher hatte ich große Angst vorm Fernsehen. Sie werden mich mit meiner Mattscheibe kaum auf Ihrer Mattscheibe entdeckt haben.

Mit allen mir zur Verfügung stehenden Haaren habe ich mich gegen das Fernsehen gewehrt; denn ich habe mir immer vorgestellt: Da kommst du den Leuten ungebeten ins Haus, ob sie wollen oder nicht.

Auf jeden Fall habe ich als Gast nicht die Rechte, die ich im Kino habe. Dort gehen die Leute hinein und wissen ja, was ihnen blüht, wenn mein Name auf dem Plakat steht. Warum ich nun doch televisioniere und gleich mit sechs Filmen in eigener Produktion? Schuld hat das Fernsehen.

Ich im Fernsehen

Mattscheibe mit Profil

Mustergatte und „Fernwehfreund" Heinz Erhardt liefert jetzt per Bildschirm den Humor frei Haus

Heinz Erhardt ist matt, auch ohne Schach. Näher betrachtet kommt das vom Fernsehen. Heinz Erhardt sieht sich zwar nicht selbst, aber auch nicht ein, wieso nur deshalb anderen den Bildschirm bevölkern. Deshalb gründete er die HEP – Heinz-Erhardt-Produktion. Hier produziert er nun sich und seinen Humor und präsentiert beides uns. Wenn sein Profil dann der Fernseh-Mattscheibe Glanz verleiht, geraten die Zuschauer förmlich in Form und Heinz Erhardt sozusagen ziemlich aus der Fassung.
Fassung, das ist es, was man nie verlieren darf! Man muß sie behalten, wie die Nerven, die mit einem ebensowenig durchgehen sollten wie das Finanzamt mit unseren Steuern. Aber Heinz Erhardt stutzt nicht deshalb vor sich hin, wenn sein Ebenbild auf dem Bildschirm sich die Ehre gibt, weil ihn das als Fernsehproduzent an die vielen Dreharbeiten der vergangenen und kommenden Wochen erinnert. „Da kann man fast durchdrehen", meint er lakonisch, „aber man muß doch etwas auf die Beine stellen, was Gesicht hat. Mattscheibe ist gut, aber dazu noch mit Profil wissense..."
Ihre Mattscheibe hat Profil, Heinz Erhardt! – Und wir meinen damit gewiß nicht nur die beiden ersten Fernsehfilme in Erhardts eigener Produktion unter der Regie von Joachim Hess, „Abenteuer in Norfolk", die wir im Mai bereits im Fernsehen miterleben konnten, und „Der Fachmann", der sich uns voraussichtlich im Juni vorstellen wird (wieder ein „Reißer" voller Pointen!). Seine große Anhängerschar denkt schmunzelnd an die gesammelten Werke, „Noch'n Gedicht". Sie sind nicht schlecht, aber schlicht, sie sind eigen- und mindestens doppelsinnig wie seine stotternde (nur beim Sprechen!) Vortragsweise, in der so viel Musik liegt. Und der Ton, der diese Musik macht, ist von keinem anderen zu treffen. Nicht einmal der große Parodist Werner Kroll hat das ganz zufriedenstellend geschafft!
Dafür schafft es Heinz Erhardt, nach Beendigung seiner Ermattung (nur stundenweise zwischen halb und sechs) eine freundliche Miene auf- und sich selbst mit seiner Frau an den runden Tisch im geräumigen Wohnzimmer zu setzen, der meist vom Sonnenlicht überflutet ist, wenn es nicht gerade regnet. Und dann ist er ein Mustergatte. Er plaudert mit ihr über das Fernsehprogramm und läßt seine Gedanken in die Ferne schweifen. Er denkt an den gemeinsamen Urlaub und an das Gedicht:

Ich geh' im Urwald so für mich hin...
wie schön, daß ich im Urwald bin.
Man kann hier noch so lange wandern,
ein Urbaum steht neben dem andern.
Und an den Bäumen, Blatt für Blatt,
hängt Urlaub. Schön, daß man ihn hat!

(Aus Heinz Erhardt: „Noch'n Gedicht",
Wilhelm Limpert Verlag, Frankfurt/Main)

VERENA: Die Heinz-Erhardt-Productions (HEP) produzierte sechs Fernsehfilme, nicht alle waren erfolglos, aber die Gespenstergeschichte „Abenteuer in Norfolk" war nicht das, was das Publikum von Heinz Erhardt erwartete. Dem **Hamburger Abendblatt** hatte er zu diesem Film gereimt:

Mein Norfolk-Film ist ausnahmsweise
Ein wenig anders, nämlich leise.
Es gibt hier keine Blödeleien.
Sie werden nicht vor Lachen schrei'n...
Ich hoffe, dass Sie mir verzeih'n.

Dieser Ausflug in die Produzententätigkeit währte nur kurz. Die Zusammenarbeit mit seinen damaligen Partnern verlief wenig erfreulich und obwohl der NDR die ersten drei Filme „mit Kusshand" kaufte, machte man keine Gewinne. Als Pappi 1963 auf beharrliches Anraten meiner Mutter die Firma wieder auflöste, war er finanziell gerade noch mit einem blauen Auge davongekommen.

Natürlich kann man sich fragen, warum ausgerechnet mein Vater sich als Produzent versucht hatte. Bei uns zu Hause verwaltete meine Mutter das Geld. Sie bestimmte, wofür es ausgegeben und wo es angelegt wurde. Sie beriet Pappi auch bei Gagenverhandlungen.

Vermutlich hatte auch nicht das Geldverdienen im Vordergrund gestanden, als er die Firma gegründet hatte, sondern die Idee einer größeren Unabhängigkeit. Und natürlich auch Mitsprache bei der Besetzung der Rollen.

Pappi spielte überall die Hauptrolle und in der Gaunerkomödie „Der Fachmann" spielte sogar meine damals 17-jährige Schwester Marita mit.

Trotz großer Skepsis vor der „Mattscheibe" war mein Vater damit im Fernsehen angekommen. In den Folgejahren trat er nicht nur als Schauspieler, sondern auch als Unterhalter und Moderator im TV auf.

Ab 1964 war er aus dem Fernsehen nicht mehr wegzudenken.

1969 brachten ihm sogar die ungezählten Kurzauftritte in allen rennomierten Unterhaltungssendungen und die Ausstrahlung seiner beliebtesten Kinofilme im ZDF den Titel „Star der Woche" in der TV-Zeitschrift **Hören und Sehen** ein.

In einem seiner Erinnerungsalben schrieb er 1969 eine persönliche Notiz daneben:

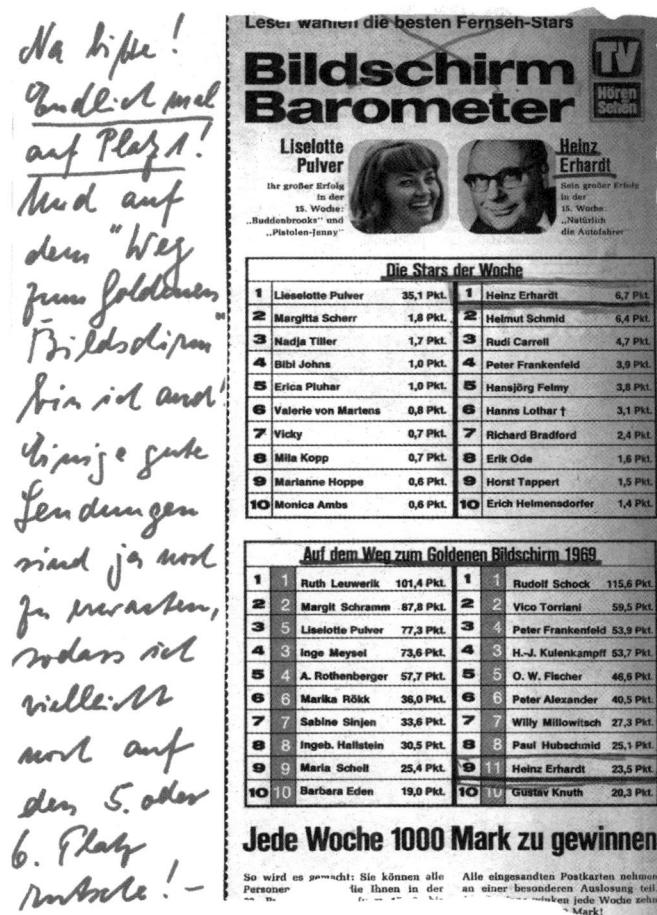

Na bitte! Endlich mal auf Platz 1! Und auf dem „Weg zum Goldenen Bildschirm" bin ich auch! Einige gute Sendungen sind ja noch zu machen, sodass ich vielleicht auch auf dem 5. oder 6. Platz antrete!

1961 – TELLERMINEN DES HUMORS

VERENA: Dennoch war 1961 auch das Jahr, in dem Pappi gleich fünf Kinofilme drehte:

KAUF DIR EINEN BUNTEN LUFTBALLON, MEIN MANN, DAS WIRTSCHAFTSWUNDER, ACH EGON!, FREDDY UND DER MILLIONÄR und **DREI MANN IN EINEM BOOT**.

Die Presse schrieb:

„Die geschäftstüchtigen Komiker von heute feuern Breitseiten des Humors ab. Nur wenige tanzen da aus der Reihe: Werner Kroll, Willy Reichert und natürlich Heinz Erhardt. Der schießt keine Breitseiten – der legt Tellerminen! Es knallt erst, wenn man zum nächsten Schritt ansetzt.

Und zuvor hat er uns durch scheinbar belanglosen Tonfall und ausdrucksloser Mimik in Sicherheit gewiegt. Inzwischen hat er sich auch im Filmgewerbe so fest etabliert, dass sich sein berühmt gewordener Ausspruch ‚Noch'n Gedicht' ohne Weiteres in ‚Noch'n Film' abwandeln lässt."

Freddy →
und
der
Millionär →

Zu **DREI MANN IN EINEM BOOT** schrieb mein Vater: „Gestern kam dieser nette Helmut Weiss zu mir, der im Berufsleben Filmregisseur ist, und meinte, ich solle doch in seinem nächsten Film mitspielen.
Den Walter Giller und Hans-Joachim Kulenkampff hätte er schon breitgeschlagen, aber der Titel hieß nun mal ‚Drei Mann in einem Boot' und da fehlte eben noch einer.
Ei, potztausend, dachte ich mir, so billig kommst du nie wieder zu einer schönen Urlaubsreise. Ach, was heißt billig? Die müssen dir ja noch Geld dazugeben. Und dann kam das Drehbuch und ich stellte fest, dass mindestens drei Viertel der ganzen Geschichte auf dem Rhein spielen sollten.

Nun bin ich ja ein ehrlicher Mensch und alle wissen, dass ich zwar ein fröhliches Glucksen gern höre – aber aus der Flasche, nicht aus einem See, Fluss oder anderen Gewässern. Kurz und gut: Ich kann nicht schwimmen.
Meine Frau, die immer noch etwas an mir hängt, bat mich ernstlich von diesem Piratenstreich abzugucken – äh, abzusehen.
Meine Skatbrüder wollten sich halbtot lachen und schenkten mir zum Abschied eine dicke Schwimmweste.
Ich fühlte mich sehr stark, schlug alle Mahnungen in Windstärke 6 und meldete mich gefasst zum ersten Drehtag.
Das war für drei Wochen das Letzte, was ich bewusst und aus eigenem Willen tat. Wie durch ein Wunder landeten wir glücklich in Amsterdam.
Hier hatte ich meinen großen Auftritt, denn ich musste (so wollte es das Drehbuch) zu einer Kunstauktion. Als ich mit einem kühnen Hupfer an Land springen wollte, bin ich allerdings in den Kanal gefallen, der dort Gracht heißt. So konnte ich immerhin etwas für die Völkerverständigung tun, indem ich den umstehenden Holländern das befriedigende Gefühl gab, einen deutschen Schauspieler und Familienvater vor dem Ertrinken retten zu können.
Nun freue ich mich schon auf den kommenden Winter. Was ich am Stammtisch von meinen Abenteuern auf hoher See alles erzählen kann:
Immer noch'n Gedicht … noch'n Gedicht … und noch'n Gedicht."

… mit Kuli / 3 Mann in einem Boot

… mit Walter Giller / 3 Mann in einem Boot

rechts: Originalseite aus dem 9. Album

3 Mann in einem Boot

abschmecken / 3 Mann in 1 Boot

Die Dreharbeiten für **DREI MANN IN EINEM BOOT** unter der Regie von Helmut Weiss begannen im Sommer 1961. Mit im Boot waren Hans-Joachim Kulenkampff, Walter Giller, mein Vater und der Hund Tobby. Auf Verfolgungsjagd: Susanne Cramer, Ina Duscha und Loni Heuser.

Ein Kurt Ulrich / Wiener Mundus- **Farbfilm** im Verleih der GLORIA FILM

ich ↓   J. Onkel Giller ↓   Kuli ↓

Zum anfänglich schlechten Wetter gibt es einen kurzen Bericht aus der Presse und auch mein Vater äußerte sich dazu:

„Der Rhein übt auch auf Filmleute immer wieder magische Anziehungskraft aus. War es im Vorjahr die Loreley mit Juliette Greco und O.W. Fischer, so dreht man in diesem Sommer ein Lustspiel.

Auf der Barkasse Marianne schwammen gemächlich und anfangs durch Regenwetter behindert drei Männer rheinabwärts. Für Kuli und Walter Giller sind die Rollen wie ein Hobby. Beide sind begeisterte Wassersportler, was man von Heinz Erhardt nicht sagen kann."

„Ich habe eine Aversion gegen diese äußere Flüssigkeit. Bei Beginn der Dreharbeiten hatten wir wenig Sonne. Umso sonniger waren wir und haben die Nässe von außen mit einigen Gläsern guten Rheinweins von innen bekämpft. Aber jetzt muss ich aufs Boot, obwohl ich nicht schwimmen kann. Na ja, ich steig ja auch in ein Flugzeug, obwohl ich nicht fliegen kann."

MARITA: 1961 im Herbst wurde meinem Vater auch eine seltene Ehre zuteil. Eine Rose wurde nach ihm benannt. Die Farbe ist samtartig schwarz-rot und wird von einem feurigen Scharlachrot durchleuchtet. Ein Farbton, der bisher unter den Floribunda-Rosen noch nicht bekannt ist. Sie stammte aus einer Kreuzung der Sorten Lilli Marlen und Lys Assia.

Nachdem bereits eine Kurve nach ihm benannt wurde, trug nun auch eine Rose seinen Namen.

Pappi war geladener Gast der Blumenschau der Firma Horstmann, wo er als Pate seine Rose mit diesem kleinen Gedicht taufte:

O, welche Hast, welch Straßenlärm
dringt bohrend sich in das Gedärm
und welch Gestank einen umweht,
wenn man vor einer Kreuzung steht.
Doch nicht vor dieser Kreuzung hier
o Rose du, ich danke dir.
Welch zarter Duft steigt in die Nase,
wie schmückst du leise jede Vase.
Komm her, geliebte Rosendame
Heinz-Erhardt-Rose sei dein Name.

Eine weitere Rose taufte er auf den Namen *Klaus-Störtebeker-Rose* und witzelte: „Der Pate war wegen widriger Umstände am Kommen gehindert."

1962 – WORTWITZLER DER BRETTER

MARITA: Zum Jahresende stand unser viel beschäftigter und rastloser Vater wieder auf der Bühne.

Die Welt berichtet am 5.1.62 von der Uraufführung am 31.12.61: „*Uraufführung in der ‚Kleinen Komödie'. ‚Kratschka-Purka' – Wer da glaubt, dies sei ein hochprozentiger Schnaps aus dem Balkan, der irrt. Vielmehr ist es der Titel eines mörderischen Spaßes von Victor Clement, der Heinz Erhardt Gelegenheit gibt, die Schleusen seines Temperaments zu öffnen und die ihm vom Autor zugedachten Pointen, wie auch die Extempores in beträchtlichen Mengen dem amüsierten Publikum vor die geschätzten Füße zu schleudern. Die Fabel ist dünn und lebt allein von Erhardts Späßen.*"

VERENA: Dünner wurde auch die Zahl unserer Familie im Fasanenhain 9. Meine älteste Schwester Grit war schon 1956 ausgezogen. Sie lebte mit ihrem Mann Hans Berthold – Cellist an der Hamburger Staatsoper – und ihrer kleinen Tochter Andrea in der unmittelbaren Nachbarschaft. Und nun heiratete auch ich und zog mit meinem Mann, dem Regisseur Jürgen Haacker, nach Fuhlsbüttel. Die Hochzeit fand einen Tag nach der Flutkatastrophe in Hamburg am 18.2.1962 statt.

Diesen Termin hatte mein Vater bestimmt, weil er an diesem Tage spielfrei hatte.

Mein Vater hat in seinem Album einen zweiseitigen Bericht über meine Hochzeit in der **Frau im Spiegel** aufbewahrt

und daneben handschriftlich vermerkt: „Hochzeitsfest für Verena am 18.2.62 (einen Tag nach der Flutkatastrophe!!!). Die Kirche war eiskalt!!! Gottlob war wenigstens elektrischer Strom im Restaurant Jacobs an der Elbchaussee vorhanden, sodass das Festessen prima geklappt und geschmeckt hat!"
Seinen Geburtstag – zwei Tage später – am 20. Februar konnte mein Vater noch in Hamburg feiern, dann ging es wieder los mit Fernsehauftritten bei „Frankfurter Palette", „Hamburger Extrablätter", „Schaubude", „Nachlese", „Musik aus aller Welt".

Mit Theaterauftritten im *Haus Vaterland* und der *Kleinen Komödie* und Bunten Abenden mit „Triumph der guten Laune" und Deutschland-Tournee.

Heiterkeit und gute Laune im Haus Vaterland

Triumph der guten Laune – wie könnte es auch anders sein, wenn Heinz Erhardt und Friedel Hensch und die Cyprys auf der Bühne im Haus Vaterland stehen!

Wer hat wohl wie der Filmstar Heinz Erhardt so viel Sinn für Unsinn? Wenn er als Conférencier auftritt und sein „berüchtigtes" Motto „Noch'n Gedicht" vom Stapel läßt, bleibt vor Lachen kaum ein Auge trocken. Mit seinen albernen und gleichzeitig gescheiten Versen reißt dieser auf einmal pfiffige Trottel und ernsthafte Grübler die Zuschauer so mit sich, daß der ganze Saal vor Munterkeit bebt.

Friedel Hensch und ihre zwei Begleiter, die übrigens ein Comback feiern, machen ihm mit ihren lustigen und frischen Parodien den Rang strittig. Wer freut sich nicht über den Heimatschlager des Ruhrgebietes „Der Mond von Wanne-Eickel", der den Auftakt zu wiederholten alten, immer noch gängigen Schnulzen wie „Ach Egon", „Der Himmel ist ausverkauft" oder „Die Frieda hat immer das letzte Wort" gibt? Das Publikum kommt hier wirklich auf seine Kosten, wenn die Schallplatten-Millionäre ihre berühmten Lieder vortragen.

Umrahmt wird das Programm dieser Reihe von ausgezeichneten Künstlern. Großartig ist die akrobatische Nummer der Porro Bros, Söhne der berühmten Rolly und Arry, die auch im Saal von den Nachfahren mit Argusaugen bewacht. Von diesen jungen Leuten wird man in der Zukunft vieles Gutes hören.

Barbour und Bille zeigen wie man auch Puppenspiele machen kann. Eben etwas ganz Neues! Die Mahoritas erfreuen mit den erstaunlichsten Dingen auf den Fahrrädern. Für die schöne Begleitmusik sorgt wie immer das Haus-Vaterland-Orchester mit Eddie Matthies an der Hammond-Orgel.

Engdahl Thygesen

TRIUMPH DER GUTEN LAUNE!
Ein Meisterabend froher Unterhaltung

Heinz Erhardt

STAR-VARIETE
Haus Vaterland

Drei Filme drehte er 1962, am bekanntesten ist sicher **OHNE KRIMI GEHT DIE MIMI NIE INS BETT**. Nach dem Erfolgsroman des schwedischen Autors Axel Munthe „Mit dir möcht ich am Sonntag angeln gehen" produzierte Artur Brauner einen abendfüllenden Farbfilm. Ann Smyrner, Harald Juhnke, Karin Dor, Gus Backus, Peter Vogel, Trude Herr und Bill Ramsey wirkten an dem Streifen mit, dem

„Ohne Krimi geht die Mimi nie ins Bett"

Bill Ramsey singt das Lied von der Mimi und dem Krimi, und dann liest die Mimi (Edith Hancke) den Krimi, der gar kein Krimi ist, sondern die Handlung des Films. In dieser Handlung kommt Heinz Erhardt als Nudelfabrikant vor, seine Tochter spielt Ann Smyrner, und der schüchterne junge Mann, der hinter dieser Tochter her ist, ist in Wirklichkeit Harald Juhnke. Dazu noch Karin Dor und Peter Vogel als komplizierte Liebesleute (er zieht das Fischen der Liebe vor), damit es mit der Handlung nicht zu Ende geht, und die Smyrner mit dem Vogel und die Juhnke mit der Dor, na, Sie wissen ja. Außerdem wird das Ganze nach Italien verlegt, damit auch Trude Herr zum Zuge kommt mit ihrem Tango d'amore, der nicht von Liebe, sondern von Raub und Mord erzählt. Raub kommt in dem Film vor, aber sehr lustig und ohne Mord. Die Paare finden am Ende planmäßig zusammen. Kein Krimi, kein Lustfilm, kein Musikfilm, aber dafür herrlich blöde alles. Ich finde es ganz schön, wenn Leute wie Erhardt, Ramsey oder die Herr verrückt spielen. (Rex am Ring) N.S.

Köln

mit Harald Juhnke

"Mit dir möcht ich am Sonntag angeln geh'n" (Ohne Krimi geht die Mimi nicht ins Bett)

Bei größter Hitze Jugoslawien (bei Pula) im Juli 1962 gedreht.

Ann Smyrner   Karin Dor

ein gereimter Titel verpasst wurde: **OHNE KRIMI GEHT DIE MIMI NIE INS BETT.**

„Viel Gelächter und wieder eine gute Presse gab es Ende des Jahres in Bremen. Stargastspieler war Heinz Erhardt im ‚Astoria'.
‚Die Worte fallen mir leicht aus dem Gehege meiner Zähne und das ist besser, als würde mir das Gehege meiner Zähne, ins Wort fallen.'
Millionen kennen ihn von Bühne, Funk, Film und Fernsehen, den berühmten Wortwitzler der Bretter, Heinz Erhardt. Er gastiert 14 Tage im Bremer ‚Astoria', um mit seinen immer neuen Überraschungseffekten und anscheinend Nichtssagendem eben doch viel zu sagen."

HEINZ ERHARDT
Stargastspiel vom 1. bis 14. November und eine turbulente Varieté-Schau von intern. Spitzenkönnern, präsentiert unter dem Motto:
„PERLEN DES CABARETS"
ASTORIA
Internationales Varieté in Bremen · Telefon 32 13 13
Tägl. 2 Vorst., 16 u. 21 Uhr, Mittw. Hausfrauennachmittag
arizona NIGHT-CLUB
Ab 22 Uhr Tanz und eine Mitternachtsschau bis in den frühen Morgen!
Montag Ruhetag für das Astoria u. alle Nebenbetriebe
Am 15., 18. und 22. Nov. sind alle Betriebe geschlossen!

*Kennst du das große graue Haus
da draußen vor der Stadt?
Bist du erst drin, kommst du nicht raus,
weil alles Gitter hat.
Hat nie dein Herz vor Ängsten laut,
gingst du vorbei, gepocht?
Sei ruhig, wer nur Pointen klaut,
der wird nicht eingelocht!*

MEDIZIN GEGEN LAMPENFIEBER

MARITA: „Mit den besten Empfehlungen" hatte mein Vater in der „Kleinen Komödie" Silvester-Premiere. Seine Partnerin Marina Ried erinnerte sich noch genau an diese Vorstellung: „Da Heinz unter Lampenfieber litt, trank er vor dem Auftritt gerne einen DODO (Doppelter Doornkaat). Deshalb saß Gilda meistens in der Garderobe und passte auf. So auch an diesem Abend. Wir standen auf der Bühne und hatten unseren üblichen Dialog, als Heinz plötzlich zum Tisch marschierte, auf dem eine Blumenvase stand. Er murmelte etwas über Durststrecke, warf die Blumen weg und trank das ‚Blumenwasser' in zwei Zügen aus. Das Publikum tobte vor Vergnügen. Als er wieder auf mich zukam, duftete mir seine Doornkaat-Fahne entgegen. Diesen Gag hat er oft wiederholt. Gilda hat nie etwas bemerkt."

Mit Marina Ried auf der Bühne

Seine „Medizin" gegen das Lampenfieber hat er sogar bedichtet und später in einem Schlager besungen:

> *Immer wenn ich traurig bin,*
> *trink ich einen Korn.*
> *Und wenn ich dann noch traurig bin,*
> *trink ich noch 'n Korn.*
> *Und wenn ich dann noch traurig bin,*
> *fang ich an – von vorn.*

Ich kann mich nicht mehr erinnern, ob Pappi wirklich die Giraffen gemieden hat, wenn er mit uns einen der seltenen Ausflüge in den Tierpark Hagenbeck machte. Aber das hat er öffentlich zum Besten gegeben:

„Immer wenn ich einen Zoo besuche, um meine lieben Freunde – vor allem die Affen – zu sehen, mache ich einen großen Bogen um die Giraffen, um ja nicht in tiefste Schwermut zu fallen.

Denn stellen Sie sich nur einmal vor, wie hier eine gute Portion alten Weinbrands zur Wirkung kommen würde! Schluck für Schluck würde er durch die endlos lange Gasse, die man außen Hals nennt, rinnen und minutenlang die Blume dieses edlen Nasses voll zur Geltung bringen. Wie armselig ist dagegen der Alkohol-Einnehm-Apparat des Menschen eingerichtet: Ein kleines Stummelhälschen ist auserkoren, um ungeistige und geistige Getränke einzunehmen und eh ‚Mann' – Frauen weniger – sich's versieht, ist der ‚Weg ohne Wiederkehr' angetreten.

Und doch geht es auf der Welt ungerecht zu, denn die beneidenswerten Giraffen haben zwar den langen Hals, wir armen Menschen aber den Alkohol."

Die Kunst des Trinkens

*Solange es uns Menschen gibt,
sind auch Getränke sehr beliebt –
ich meine hier natürlich nur
die alkoholischer Natur!*

Den Wein, *den hab ich übersprungen,
der wurde schon zu oft besungen
und auch der* Sekt! *(Man reicht ihn Gästen
zum An- und Aufstoßen bei Festen.)*

Wie selten aber steht vom Bier
*etwas geschrieben, außer hier:
„Es schäumt das Glas mit edler Gerste,
und stets bekömmlich ist das erste!"*

*Doch gibt es außerdem Getränke,
den'n ich besond're Liebe schenke,
ich schätze fast seit der Geburt se:
das ist der* Klare *oder* Kurze!

*Wie wärmen sie an kalten Tagen
schön eisgekühlt den kalten Magen!!!
Wie spornen sie – als Geistgetränke –
den Geist an, dass er wieder denke!!!*

*Jedoch wie geistlos – sei'n wir offen! –
wird diese Köstlichkeit gesoffen!
Drum will ich, eh Sie einen heben,
hier schnell noch einen Ratschlag geben:*

Man trinke Schnaps *stets* nur zum Essen !!!
Das Bier *dazu soll man* vergessen !!!
Und ob in Kneipe oder Haus:
Man lasse immer einen aus !!!

*Wenn man das ganz genau so tut,
dann fährt man stets – auch Auto! – gut.*

Trinklied

*Wo bleibt heut bloß der Sonnenschein?
Liegt's an den Isobaren?
Ach, soll's doch ruhig trübe sein
wir trinken unser'n Klaren!*

*Schön eisgekühlt stürzt er zu Tal,
es wird uns heiß und heißer ...
Der trübe Himmel kann uns mal,
und wo er kann, das weiß er.*

*Das Trübsalblasen ist ein Graus
und schädlich ohne Zweifel!
Kommt, lacht den trüben Himmel aus –
Alkohol ihn doch der Teufel!*

Conférenzier Heinz Ehardt, der einem guten Essen und Trinken nicht abgeneigt ist, meinte genüßlich: „Da kann einer sagen was er will, das beste Essen ist doch noch das Trinken."

Viele Zeitungen

1963 – HUMOR IST EINE ERNSTE SACHE

MARITA: „Würden Sie gern zum Mond fliegen?", wurde mein Vater einmal gefragt. „Oh ja. Aber nicht bei Halbmond, weil dann da oben so ein Gedränge wäre!"
Das Jahr 1963 sah ihn auf dem Mond. In Jacques Offenbachs Operette **DIE REISE AUF DEN MOND** spielte er den lustigen Herrn Mikroskop.

Es folgte der alberne Schlagerfilm **DIE POST GEHT AB**. „Es sangen Vivi Bach, Chris Howland und Gerhard Wendland, es spaßten Ralf Wolter, Beppo Brem und Kurt Großkurth. Es liebten mehr oder weniger alle. Und wirklich komisch war an einigen Stellen Heinz Erhardt!", schrieb die Presse.

Die Reise auf dem Mond... (28.1. – 19.3. 63)

Natürlich wurde mein Vater oft gefragt, was für ihn Humor sei und er hat sich auch öfter dazu geäußert. Zum Beispiel in einer Buchempfehlung zu den „Gesammelten Bühnenwerken von Curt Goetz" aus dem Jahr 1958 schreibt er: „Sie werden sich wundern, wenn ich behaupte: Leute Lachenmachen ist eine bitterernste Angelegenheit! Ein guter Witz muss vor allem einen tieferen Sinn haben und außerdem in Bezug zum Leben, zur Gesellschaft stehen. Oder er muss völlig unsinnig sein."

Auch dies hier sagte er: „Was ist Humor? – Für die meisten nur ein Fremdwort. Wenn viele etwas über Humor hören, erschrecken sie. – Sie haben wahrscheinlich Tumor verstanden. Was ist schwarzer Humor? – Das ist Humor, den man

DAS LAS ICH

Stets zu Späßen aufgelegt ist Heinz Erhardt, seit einiger Zeit auch Filmstar in heiteren Rollen („Vater, Mutter und neun Kinder"). Erhardts Lieblingsbuch ist Curt Goetz: „Gesammelte Bühnenwerke", Bücher der Neunzehn", 784 S., DM 9,80

Pointen und Bonmots

Sie werden sich wundern, wenn ich behaupte: Leute Lachenmachen ist eine bitterernste Angelegenheit! Ich weiß nicht, wieviel Witze täglich erfunden werden. Sicherlich einige Hundert. Doch nur ein kleiner Teil davon ist wirklich gut, und auch viele meiner Witze verdienen — gäbe es Noten dafür wie in der Schule — bestenfalls eine 3! Ein guter Witz muß vor allem einen tieferen Sinn haben und außerdem in bezug zum Leben, zur Gesellschaft stehen. Oder er muß völlig unsinnig sein. Wir Deutschen sind leider sehr sachlich und daher oft ausgesprochen humorlos. Einer unserer wenigen echten Humoristen ist immer noch Curt Goetz („Das Haus in Montevideo", „Hokuspokus"). Ich habe seine Komödien schon als Zwanzigjähriger auf einer Liebhaberbühne gespielt. Heute liegen seine „Gesammelten Bühnenwerke" — nicht nur aus beruflichem Interesse — immer griffbereit auf meinem Nachttisch. Seine geistvoll-ironische Art Menschen, Dinge und Zustände zu beschreiben, liegt genau in der Mitte zwischen bissiger Gesellschaftskritik und liebevoller Sentimentalität. Man spürt hinter jeder Redewendung, daß er ein mitfühlendes Herz besitzt, daß er die deutsche Bürgerlichkeit, den englischen Snobismus und das ganze Getue der sogenannten „besseren Kreise" nicht nur auf die Schippe nimmt, um sich eine gute Pointe zu verschaffen. Außerdem verbindet sich sein Humor mit einer exzellenten Beherrschung der deutschen Sprache. Mit Formulierungen, die beweisen, daß er um sie gerungen hat (deshalb meine Behauptung, das Lachenmachen sei eine ernste Sache!). Goetz gewinnt daher beim Lesen; denn im Theater gehen viele seiner Bonmots im Lachen unter. Ein reines Vergnügen sind zudem seine inhaltsreichen und spöttischklugen Regieanweisungen. Sie gehören so sehr zu seinen Stücken, daß man eigentlich noch etwas erfinden müßte, um sie auch dem Theaterpublikum mitteilen zu können.

Heinz Erhardt: „Humor ist eine ernste Sache!"

Also: Lesen Sie Curt Goetz bei nächster Gelegenheit! Er hält Ihnen einen liebenswürdigen Zerrspiegel vor, der zeigt, daß man sich selbst nicht allzu wichtig nehmen soll. Im übrigen bin ich der Meinung, daß fast alle Stücke von Goetz gute Musicals abgeben würden. Sie enthalten die Leichtigkeit, die diese neue Form des Singspiels auszeichnet. Man sollte es zumindest einmal versuchen; denn gute Musicals, die unserem Geschmack entsprechen, sind leider noch selten.

Heinz Erhardt

wie hier mit schwarzen Buchstaben geschrieben hat. Selbst wenn einer 100 Witze hintereinander erzählen kann, so fällt er noch lange nicht unter die Humoristen, sondern höchstens auf die Nerven."

Mein Vater nahm Humor sehr ernst, deshalb fand er es gar nicht komisch, wenn ich zu Hause den Kasper gab und sinnlos herumalberte. Als ich mit 16 in einem seiner Filme mitspielen durfte, sprach er danach ein ernstes Wort mit mir: *„Wenn du das wirklich machen willst, dann musst du es richtig machen und das heißt, dich mit aller Kraft in das Showgeschäft stürzen. Halbe Sachen gibt es in der Branche nicht."*

An jedem kleinen Gedicht feilte er wieder und wieder. Was bei seinen Auftritten leicht und locker klingt, war in Wirklichkeit mühsam erarbeitet und selbst Pointen, die er spontan auf Publikumsreaktionen setzte, hat er oftmals schon lange im Repertoire gehabt, um sie im entsprechenden Augenblick zu zünden. Pappi hatte ein hervorragendes Gedächtnis, er feilte an seinen Pointen, weshalb er immer ein Notizbuch bei sich trug. Kam ihm eine Idee, trug er sie sofort dort ein, um später an der Pointe und am Timing zu feilen.

Im Sommer tingelte mein Vater durch Kur-, Nord- und Ostseebäder. Das war für ihn wie Urlaub. In den Schulferien haben uns meine Eltern oft auf Tournee oder zu Dreharbeiten

Braucht man Humor für die Ehe?

GILDA ERHARDT: Oh, ja, sehr viel! Ich finde, man sollte das ganze Leben mit Humor meistern. Für den Humor gibt es keine Grenzen. Ich meine, man muß sogar über sich selbst lachen können. Auch wenn man mal eine Dummheit gemacht hat. Lachen dann die anderen, sollte man mitlachen können. Humor ist auch eine große Hilfe in kritischen Ehesituationen. Jeder braust einmal auf. Jeder ärgert sich einmal über den anderen. Sagt dann aber dieser andere etwas Hübsches, dann muß man doch lachen. Ich jedenfalls muß immer lachen, wenn mein Mann in solcher Situation etwas Heiteres sagt. Ich glaube, Menschen mit Humor sind nicht nachtragend, und darum können sie gleich lachen und alles vergessen. Ich finde, das ist das Schönste im Leben, daß wir lachen können. Böse sein können wir alle. Zum richtigen Humor gehört allerdings Herz, Güte und Niveau. Ein Amüsement auf Kosten anderer ist nicht gut. Das ist auch kein Humor. Das mag Witz sein. Und der kann grob und kränkend wirken. Aber ich glaube, jede Ehe könnte besser sein, wenn beide Humor haben. Wir beide haben ihn, und mit uns geht es seit 28 Jahren großartig. Meine älteste Tochter hat viel Humor, mein Schwiegersohn auch. Und auch diese Ehe ist sehr glücklich. Ich würde allerdings meinen, man kann auch ohne Humor heiraten. Man muß sich nur vorher gründlich kennenlernen und wissen, ob man zueinander paßt. Wenn aber einer Humor hat, sollte der andere ihn auch haben. Sonst geht man sich wohl allzu leicht auf die Nerven. Treffen sich zwei solche Leutchen, wird es schwierig. Humor kann man nämlich nicht lernen. Er ist eine Gottesgabe. Wer nicht humorbegabt ist, sollte auch nicht krampfhaft versuchen, es zu werden. Man kann wohl lernen, witzig zu reagieren. Das ist eine gewisse Routine. Witze kann man ja auch auswendig lernen. Wir kennen alle die Salonlöwen, die da brüllen: „Kennen Sie den...?" Und dann kommt ein Feuerwerk von Geistreicheleien über uns. Aber das ist, wie gesagt, noch kein Humor. Humorvolle Bemerkungen werden jeweils in der richtigen Sekunde geboren. Aus einem heiteren Herzen. Und so komme ich zu dem Schluß: Humorbegabte sind glückliche Menschen. Und glückliche Menschen können eben auch glücklichere Ehen führen.

Gilda und Heinz Erhardt

Fotos: Rober

HEINZ ERHARDT: Also, da möchte ich sagen: teils, teils. Das hängt ganz vom Partner ab. Hat er keinen Humor, vergeht dem andern derselbe. Besonders, wenn es mal kriselt. Und nun ziehen ja Krisen so große Kreise, daß es überall mal kritisch wird. Nehmen wir an, so ein Herr in Uniform mit Bleistift will mich für eine Verkehrsübertretung in seinem amtlichen Buch verewigen. Also, in solcher Situation würde ich bestimmt mit Humor die Kurve kriegen. Aber eine kritische Ehesituation würde ich nie mit Humor nehmen. Wenn der andere böse ist, und das sogar vielleicht mit Recht, wird er ja noch böser, wenn ich heiter bin. Und einen solchen Fall will ich doch nicht heraufbeschwören. Dann beschwöre ich vielleicht ein Donnerwetter auf mich herab. Und ehrlich gesagt, ich habe es gar nicht so gern, wenn es kracht. Beim ersten Blitz sage ich zu mir: „Vorsicht ist die Mutter der Porzellankiste", und zu ihr sage ich: nichts! Nun behauptet man ja, ich sei ein geborener Humorist. Aber das ist ein Witz. In meiner Schulzeit galt ich als überaus langweilig. Und erst, als meine finanzielle Lage ernst wurde, beschloß ich, Humorist zu werden. Und das bin ich nun auf der Bühne. Aber zu Hause gebe ich den Humor manchmal an der Flurgarderobe ab. Das hat zwei Gründe: Erstens: Die Familie ist ein überaus kritisches Publikum. Sie kennt bald das ganze Repertoire. Und es macht gar keinen Spaß, wenn man nach einer lustigen Bemerkung zu hören kriegt: „Mensch, Pappi, so'n Bart!" Zweitens weiß man ja nie, ob im Wohnzimmer immer die Sonne scheint oder ein Gewitter im Anzug ist. Man darf eben seinen Ehepartner nicht als Publikum sehen. Man muß ihn wesentlich sensibler behandeln. Und schließlich kann auch kein Mensch Humor pausenlos ertragen. Humor ist wie süße Speise. Man mag schließlich nicht immer Pudding essen. Mal braucht man auch was Herzhaftes. Ich meine also, mit dem Humor in der Ehe muß man vorsichtig umgehen. Hier kann er zur gefährlichen Waffe werden, weil er allzu leicht in Zynismus oder Sarkasmus ausartet. Und dann gibt es gerade in einer kritischen Ehesituation den ganz großen Knall. Ich würde also sagen: Erst mal testen, ob der Ehehimmel blau ist, und dann ein Bonmot abschießen. Ist aber besagtes Gewitter im Anzug, werde ich mich hüten, auch noch meine Hände in die Taschen desselben zu stecken.

Constanze, Nr. 5/1963

mitgenommen. Besonders, wenn es die Bädertourneen waren und die deutschen Inseln abgeklappert wurden. Meinen Vater hat man nie am Strand gesehen, diese Art Urlaub war ihm völlig unwichtig. Zum Thema Urlaub hat er dieses Gedicht gemacht:

> *Ich geh im Urwald für mich hin ...*
> *Wie schön, dass ich im Urwald bin:*
> *Man kann hier noch so lange wandern,*
> *ein Urbaum steht neben dem anderen.*
> *Und an den Bäumen, Blatt für Blatt,*
> *hängt Urlaub. Schön, dass man ihn hat!*

Humor ist eine ernste Sache – im Fernsehen!

BRAVO erlebte Heinz Erhardt ernst und nachdenklich, aller Schalk war aus seinen Augen verflogen. Das war, als wir ihn fragten: Wo bleibt im Deutschen Fernsehen der Humor? Wo sind die Komiker? Gibt man ihnen keine Chance? Heinz Erhardts Reaktion war die gleiche wie von Georg Thomalla, unserem zweiten Interview-Partner: Der Humor ist eine ernste Sache — im Fernsehen!

„Es gibt viele Gründe", sagte Heinz Erhardt. „Für mich ist das Fernsehen das Gefährlichste, das man sich vorstellen kann. So profilierte Leute wie Kulenkampff und Frankenfeld kamen gut über einige Runden, dann streckten auch sie die Waffen. Andere Künstler erlitten kläglichen Schiffbruch. Grund: Das Publikum sieht sich an einem satt. Ich kann 100 Filme im Jahre drehen — niemanden stört das. Aber beim Fernsehen komme ich sozusagen ungebeten, uneingeladen ins Haus. Deshalb bin ich darauf bedacht, nur in kleinen Dosen vor das Publikum zu treten. Ich will meinen in schwerer Arbeit erworbenen Namen nicht leichtfertig aufs Spiel setzen.

Aber da ist noch etwas", fuhr Erhardt fort. „In Amerika hat der Zuschauer die Auswahl zwischen acht bis zwölf Programmen. Er kann umschalten, wann und wie oft es ihm beliebt. Außerdem: Bei uns wurde der Humor schon immer stiefmütterlich behandelt. Curt Goetz, meiner Meinung nach der größte humoristische Schriftsteller, den wir haben, erhielt niemals einen Literaturpreis. Na, bitte..."

Heinz Erhardt

Bravo, Nr. 7/64

Wenn wir ihn nicht auf Tour begleitet haben, sahen wir ihn nur auf der Mattscheibe. Zum Beispiel in **ZWISCHENMAHLZEIT** mit Gisela Schlüter und **PSYCHOLOGIE DES ALLTAGS** mit Balduin Baas und Kurz-Auftritten in allen Sendeanstalten.

HAMBURG:
21.00 **Zwischenmahlzeit**
Ein Unterhaltungsmenü
von Hans Hubberten
Serviert von Gisela Schlüter
Es wirken mit: Maria Andergast, Friedel Hensch, Eva May, Anneliese Schmiedel, Christa Williams, Peter Benthack, die Cypris, Heinz Erhardt, Günther Fersh, Peter Garden, Will Glahé, Willy Hagara, Paul Hörbiger, Günther Jerschke, Jonny, Hans Lang, Max und Frank Strecker, René Vialon, der Starlets-Chor, Leitung: Kurt Lindenau, das Hamburger Fernsehballett und das Hamburger Studio-Orchester, Leitung: Rolf Kühn
Szenenbild: Lorenz Witham
Regie: Ekkehard Böhmer
(Siehe Bildseite links)

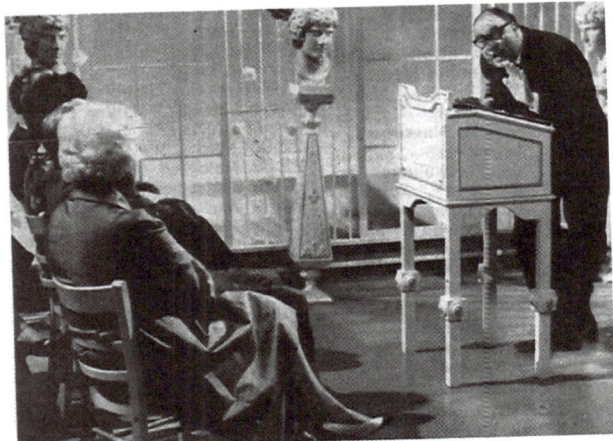

Eine Dichterlesung, wie sie nur der gewichtige Heinz Erhardt zu halten weiß, gehört zu den heiteren Höhepunkten der Unterhaltungssendung „Zwischenmahlzeit"

(Fernsehproduktion: Psychologie des Alltags, 2. Fernsehen 18.–29.10.63)

DIE AKTUELLE Schaubude, 14.4.63

Familie (teilweise)   Heidi & H. Bully   Mäusi sagt
Brüll Hellm.; Buhlan   „Das Bleimchen"
                       auf! (Gropi souffliert)

Im Dezember dann Premiere in Berlin-Moabit mit dem Stück: **ORDNUNG MUSS SEIN.**

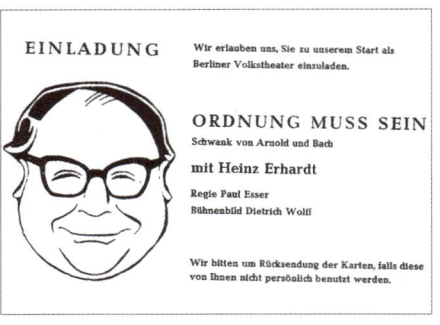

Mit Schnauze und „Jemüt"
Paul Esser spielt Volkstheater

Die achte Premiere soll endlich ein Erfolg werden: Mit dem Schwank „Ordnung muß sein" (Premiere am 25. Dezember) will Paul Esser die bisher wenig erfreuliche Karriere seines Hansa-Theaters in neue Bahnen lenken. Das Haus in Moabit soll „das" Volkstheater Berlins werden.

„Die Gegend schreit förmlich danach. Anspruchsvolles Theater kommt eben nicht an", sagte Esser gestern nachmittag auf einer Pressekonferenz. Schade nur, daß dieser löbliche Plan einen Haken hat: Echte Volksstücke mit Berliner Schnauze und „Jemüt" sind mit der Lupe zu suchen. Deshalb hat Esser fürs erste auch auf den über 30 Jahre alten Schwank von Arnold und Bach zurückgegriffen. Aufgemöbelt von Heinz Erhardt, der auch die Hauptrolle spielt. Nun hofft Esser nur noch auf viele Lacher und – ein volles Haus.

Danach wird dann „Alle Tage ist kein Montag" von dem Berliner Autoren-Paar Dorothee Ebel/Jan Clingen auf dem Programm stehen. Für die Hauptrolle ist Edith Hancke bereits engagiert.

Drücken wir Esser und dem Berliner Theater-Publikum die Daumen, daß die Zukunft des Schauspielhauses rosiger aussieht als die Gegenwart. B. R.

HAHN IM KORB: Heinz Erhardt umringt von Heidelotte Diehl, Undine von Medvey und Barbara Ratthey (von links) in dem Schwank „Ordnung muß sein". Premiere ist am 1. Weihnachtsfeiertag.

Heinz Erhardt als Eduard Haselhuhn in „Ordnung muß sein"

Am 15.12.1963 berichtete der **Telegraf**, Berlin: „Schon drei Wochen vor dem Premierentermin herrscht Hochbetrieb im Schauspielhaus Hansa. An den Wänden Plakate, davor auf einem Stuhl sitzt, bescheiden in die Ecke gedrängt, die Hände auf dem Bauch gefaltet, den Nacken etwas vorgebeugt – offensichtlich, weil der Schalk darauf sitzt –, der Mann, um den sich alles dreht. So sieht unser Fotograf Heinz Erhardt im Sucher der Kamera und wartet vergeblich auf die schelmische Pose.

‚Ja, so einfach geht das nicht, am besten Sie zählen laut bis drei und dann blitzen Sie! Unter Druck kann ich nämlich alles am besten.'

Und tatsächlich, in letzter Sekunde, bevor das Blitzlicht aufflammt, ist der ernste, versonnene Blick einem heiteren Lächeln gewichen.

‚Wenn man nach langer Abwesenheit wieder in Berlin auftritt, dann muss man hier so richtig reinhauen.' meint Heinz Erhardt und sein Name garantiert dafür, dass die Lachmuskeln des Publikums ziemlich strapaziert werden.

Dennoch artet der Schwank nicht in eine Klamotte aus, denn er hat das Buch von Arnold und Bach komplett überarbeitet und aufpoliert. Bei den Proben, das verrieten seine prominenten Partnerinnen Marina Ried und Undine von Medvey, amüsierte man sich köstlich."

Ordnung muss sein!
25.12.63 – 29.2.64
Schauspielhaus HANSA,
Berlin

HEINZ ERHARDT ALS WERBETRÄGER

VERENA: Anfang der Sechzigerjahre machte mein Vater für die unterschiedlichsten Firmen Werbung. Mein Mann, Jürgen Haacker, war Regisseur für Werbefilme. Im Auftrag der Firma *Appel*-Feinkost produzierte er drei Werbefilme und konnte meinen Vater überzeugen, die Filme zu betexten. Wir saßen zu dritt im Studio vor dem Monitor, um die kleinen Filme anzuschauen und damit Pappi sich inspirieren lassen konnte. In diesen kurzen Filmchen sah man nur Hände, die *Appel*-Köstlichkeiten aufgabelten. Es gab keinerlei Vorgaben und mit einem eisgekühlten *Doornkat* ließ mein Vater seinen Gedanken freien Lauf. Was er nicht wusste, war, dass Jürgen den Ton von Anfang an hatte mitlaufen lassen.
Das Ergebnis war sogar international erfolgreich und schaffte den Sprung auf die Cannes-Rolle. Der Text war natürlich ein echter Erhardt, der jeden Werbetexter vor Neid erblassen ließ:

„Guten Tag, hier bei mir – äh bei Appel!
Wer A sagt, muss auch pell sagen!
Na, dann auf Wiederschmecken und guten Appeltit!"

Seine Sprache war so typisch und unverwechselbar, dass viele Freunde allen Ernstes behaupteten, sie hätten meinen Vater leibhaftig im Werbefernsehen gesehen; dabei waren nur Hände und *Appel*-Produkte im Bild. Sie beschrieben sogar, wie er aussah: Hornbrille, Nadelstreifenanzug, offene Haare. So habe ich viele Wetten gewonnen.
Als Star warb er auch für *Philips*-Fernseher und nahm sogar an einer bunten Show teil, mit der er in mehr als 90 Städten auftrat.

links: Philips-Reklame aus den 50er-Jahren

Aus heutiger Sicht am seltsamsten ist sicher die Platte, die er für die Textilfirma *Cottonova* aufgenommen hatte. Auf der Vorderseite besprach er sie mit humorigen Verkaufsargumenten, auf der Rückseite war ein Bossa Nova zu hören.
Die Platte wurde 1964 kostenlos an Verkäufer der *Cottonova*-Gruppe abgegeben.

Seine Werbewirksamkeit hatte in den frühen Sechzigerjahren ihren Höhepunkt: Dieser Möbelhaus-Prospekt wurde an 18 Millionen Haushalte verteilt.

1964 – JA, JA, DAS LAMPENFIEBER

MARITA: Das **Grüne Blatt** befragte Ende 1963 Prominente nach ihren Plänen für das kommende Jahr. Mein Vater antwortete: *"Tja, das Lustspiel ‚Ordnung muss sein' ab Januar in Berlin wird sich 'ne Weile hinziehen. Deshalb weiß ich nicht, wann ich wieder eine Filmrolle übernehmen kann – Angebote habe ich einige. Aber neben der Theaterarbeit werde ich ein paar Produktionen für's Fernsehen machen und zwei neue Schallplatten sind geplant."*

Was das neue Jahr 1964 alles bringen wird – „Das wissen die Götter". So hieß eine Sendereihe des ZDF, in der die Astrologie einmal kabarettistisch betrachtet wurde.
Neben Eleonore Schroth und Balduin Baas lieferte mein Vater einige passende Beiträge:

Unter all den Sterngebilden,
die in himmlischen Gefilden –
nachts kann man es deutlich sehen –
sich um uns und mit uns drehen,
unter diesen Sternen allen
wollt es dem Saturn gefallen,
dass er falsche Kreise zog
und ganz eigne Wege flog!

Als der liebe Gott das sah,
sagte er: „Was seh ich da?
Der kreist ja auf andre Weise!
Na, sein Kreisen zieht noch Kreise!"
Und er rief mit Donnertösen
dem Saturn zu, diesem bösen:
„Sieh hier meine Zornesfalte!!!
Dass im Aug ich dich behalte,
wirst du, gleich und unbedingt,
für die Ewigkeit beringt!"

Jahrelang zankten sich Leute
drüber, was der Ring bedeute –
heute, durch mein Opus endlich,
wird die Einrichtung verständlich!

Mein Vater liebte das Theater und reiste auch neben den Dreharbeiten weiter von Bühne zu Bühne. Im Februar wirkte er bei dem von der Zeitung Telegraf veranstalteten Abend „So wunderschön wie heute" im Urania Theater mit.

„Dass Komik alles andere als platte Vordergründigkeit bedeutet, demonstrierte Heinz Erhardt, dessen köstliche Satzverdrehungen voll versteckten Tiefsinns sind. Seine zauberhaften Versgebilde offenbaren so viel doppelbödigen Witz, dass man nicht müde wird, immer wieder zu bitten: ‚Noch 'n Gedicht!'
Dieser Mann ist ein Jungbrunnen der Fröhlichkeit und ein König im Reiche des kultivierten Humors", lautete ein überschwänglicher Bericht des **Berliner Telegraf** vom 11.2.1964.

Wenn die Opern dich umbrausen
mit Getön,
dann genieße auch die Pausen:
Sie sind schön.

Doch für die Theater hatten harte Zeiten begonnen. Der Besucherschwund wurde damals mit der Verödung der Hamburger City nach Ladenschluss begründet. Die Presse schrieb: „Nur noch vier Varietés im Bundesgebiet. Mit der Schließung von ‚Haus Vaterland' am Ballindamm verliert Hamburg eines ihrer attraktivsten Lokale.
Alle bekannten Stars gastierten hier wie Marika Rökk, Rossita Serrano, Lale Andersen, Hans Moser, Vico Torriani, Charly Rivel. Zugpferd ist zurzeit und das letzte Mal Heinz Erhardt."
Mein Vater meinte dazu: „Es gibt noch andere Gründe. Man kann es sich doch nicht mehr leisten, gemütlich ein Glas Wein zu trinken. Wie leicht kann's eine Malesche mit dem Wagen geben! Als ich 1938 anfing, sagte man: Mit zwei Liedchen kommst du für dein ganzes Leben aus.

Da gab's in jeder kleinen Stadt ein oder zwei Varietés oder Kabaretts. Heute gibt es im ganzen Bundesgebiet nur noch vier."

Auch 1964 trat mein Vater wieder in mehreren leichten Filmchen auf. Er liebte das Theater, Filme drehte er mit halbem Herzen. Ich glaube, er hat sogar einmal gesagt, er würde Filmangebote nur annehmen, damit er es sich leisten könne, Kabarett zu machen.

In den Streifen **DIE GROSSE KÜR** mit Marika Kilius und Hans Jürgen

> Heinz Ehrhardt zum ECHO am ABEND: „Es gibt noch andere Gründe. Man kann es sich doch nicht mehr leisten, gemütlich ein Glas Wein zu trinken. Wie leicht kann's eine Malesche mit dem Wagen geben!"
>
> Hart wird es seiner Meinung nach die Artisten treffen. Es gibt in der gesamten Bundesrepublik nur noch vier Varietés: Casanova (Essen), Astoria (Bremen), in Berlin Karow's Lachbühne und das Hamburger Hansa-Theater.
>
> Ehrhardt: „Als ich 1938 anfing, sagte man: Mit zwei Liedchen kommst du für dein ganzes Leben aus. Da gab's in jeder kleinen Stadt ein oder zwei Varietés oder Kabaretts.

Bäumler und **WENN MAN BADEN GEHT AUF TENERIFFA** ging auch der Nichtschwimmer Heinz Erhardt baden. Taktvollerweise wurde er in der überwiegend schlechten Kritik kaum erwähnt.

Großen Erfolg hatte er jedoch wieder auf der Bühne. Vom 4. September bis zum 18. Oktober spielte er in Stuttgart täglich vor ausverkauftem Haus in dem Stück „Mit den besten Empfehlungen".

In der Presse war zu lesen:

„Es gibt Theater, die pfeifen auf Empfehlungen, aber die Stuttgarter Komödie im Marquardt spielt gleich zum Saisonauftakt buchstäblich mit den besten. Das Lustspiel von Hans Schubert wird während der nächsten Wochen allabendlich mit Heinz Erhardt in der Hauptrolle über die Bühne gehen."

„Regisseur Friedrich Brandenburg gruppierte das lebendig spielende Ensemble um Heinz Erhardt, der alle Register seiner film- und fernsehbekannten Komik zog, aber dabei auch nicht die feineren Nuancen des Bühnenschauspielers vergaß."

„Hauptperson im Stück, in dem neben Komik auch echt Menschliches aufklingt, ist Josep Plötzl, ein bescheidener Lohnbuchhalter, der plötzlich dank einer Empfehlung des Ministers, die letztlich gar nicht ihm galt, Karriere macht. Doch der Schwindel fliegt nach größten Verwirrungen auf und wie sich das für ein Lustspiel gehört, gibt es natürlich ein Happy End."

Im November 1964 hatte mein Vater ein 14-tägiges Gastspiel im Astoria in Bremen, einem der vier übrig gebliebenen Lustspielhäuser in Deutschland, und äußerte gegenüber einem Journalisten seinen Unmut darüber, dass er auch privat stets zur Unterhaltung Dritter dienen sollte: „Heinz Erhardt möchte so gern einmal an einem Würstchenstand ein Würstchen essen. Aber wenn er es wagte, an einen Würstchenstand zu treten, so würden gleich ein paar Leute kommen, ihm auf die Schulter klopfen und rufen: ‚Hallo Heinz, altes Haus, wie geht's dir denn? Haben gestern wieder herzlich gelacht! Wie ging das noch? Na, du weißt schon! Mach das doch noch mal vor!'

Schon bliebe Heinz Erhardt das Würstchen im Halse stecken. Denn ein Komiker, der sich mit Witzen und Schwänken und noch'm Gedicht durchs Leben schlägt, kann nicht immerfort witzig sein. Aber die Leute erwarten das.

‚Neulich', so erzählt Heinz Erhardt wurden meine Frau und ich von neuen Bekannten eingeladen. Es gefiel mir in der Gesellschaft nicht sonderlich gut und darum schwieg ich den ganzen Abend!'

Hinterher habe er sich von der Gastgeberin sagen lassen müssen: ‚Pfui! Sie sind ja gar nicht so komisch!'

Heinz Erhardt mag nicht gern zur Erheiterung der Gäste eingeladen werden. Verständnislos schüttelt er den Kopf: ‚Das ist dasselbe, als wenn ich einen Arzt zu mir einlade und ihm sage: Ach, Lieber, schneiden Sie doch mal einem von uns den Blinddarm heraus!'

Auch die Bremer haben ihn im Übrigen schon auf der Bühne erlebt, zum ersten Male gleich nach dem Kriege. ‚Damals pendelte ich zwischen Walle und Hemelingen, hatte sehr viel Hunger und erntete unterwegs immer Birnen, die mir nicht gehörten.'

Heute erntet Heinz Erhardt keine Birnen mehr, die ihm nicht gehören. Aber Bremen bildet für ihn immer noch eine Gedankenverbindung zu leiblichen Genüssen: ‚Heute Abend werde ich an einen Würstchenstand treten und Würstchen essen', kündigt er an. ‚Überall riecht es hier nach Würstchen. Das kann ich nicht ertragen!'

Damit man ihn nicht erkennt, wird er seine Brille abnehmen."

„‚Nicht alles, was sich reimt, ist ein Gedicht', meinte Heinz Erhardt, der vom 1. bis 14. November Stargast im Bremer ‚Astoria' ist und dann öffnet er die Kiste seiner Ungereimtheiten, blödelt und stottert vor sich hin und serviert olle Kamellen und frisches Selbsteingemachtes."

Sie reichten Weine mir und Bier und Schnäpse und dergleichen – dabei könn'n diese Leute mir nicht mal das Wasser reichen!

Mit einem Kollegen lag er Ende des Jahres in direktem Wettstreit. Während Jürgen von Manger am Duisburger Haus der deutschen Oper für die *Fledermaus* den Frosch gab, sollte diese Rolle in Köln zur gleichen Zeit mein Vater spielen.

Im **Kölner Stadtanzeiger** wird er, zusammen mit unserer Mutter, interviewt. Im Artikel liest man am 30.12.1964:
„,Eine aufregende Aufgabe', gestand er bei einem Interview kurz vor der Premiere im Kölner Hotel Excelsior und seine Frau Gilda ergänzte: ,Er leidet schrecklich unter Lampenfieber.'

‚Ja, ja', knatscht er. ,Das Lampenfieber. Und heute Abend ist Premiere. Ich spiel den Frosch zum ersten Mal. Und je später es wird, um so flauer ist mir. Wenn ich die Leute zur Oper gehen sehe, dann --?' *Er beugt sich vor, angelt nach einem Glas Wasser, erreicht es aber nicht und bittet schließlich die Fotografin:* ‚Ach, schieben Sie's mir doch bitte rüber. Sie sollen nicht denken, dass Sie mir das Wasser nicht reichen können.'

(...) *Heinz Erhardt nimmt ein Schlückchen aus dem Wasserglas. Dann lehnt er sich zurück in die Polster. Der Spaßvogel scheint davongeflogen zu sein. Zurückgeblieben ist ein nachdenkliches Gesicht. Ein ernster Mann.* ‚Spaß macht Spaß', sagt er. ‚Aber er kostet eine Menge harter Arbeit, auch wenn es so aussieht, als wäre er einem gerade erst eingefallen.'

,Wo fällt er Ihnen denn ein, der Spaß? Beim Teppichklopfen? Beim Brikettstapeln oder in der Badewanne?' *Er lächelt wieder. Die rosigen Wangen glühen:* ‚Ach wo, da müsste ich ja immer baden. Ich lasse mich im Walde von der Muse küssen.' *Er schaut hinüber zu seiner Frau. Gilda Erhardt zuckt die Achseln und lächelt zurück:* ‚Wenn's bei der einen bleibt.'"

Die Aufführung wurde am Silvesterabend im ersten Programm des Deutschen Fernsehens übertragen. Sein Kollege Jürgen von Manger, der in Duisburg spielte, kam nicht so gut an. Aber auch die Kritiken zur Operette *Fledermaus* in Köln waren nicht alle positiv. Nur der Auftritt als Frosch meines Vaters wurde allgemein gefeiert: „Stürmischen Beifall erntete in Köln die Premiere der ,Fledermaus' von Johann Strauß mit dem Komiker Heinz Erhardt in der Rolle des Gefängniswärters Frosch. Einfach köstlich, wie er in unbekümmerter Doofheit seinen hintersinnigen Unsinn sprechen und treiben konnte."

Besonders dieser Auftritt wurde in mehreren Kritiken hervorgehoben: „Die sagen einem immer, man soll sein Jeld uff die Bank lejen, von wejen der Zinsen. Und wie viel jeben sie dir? Dreieinhalb Prozent!"

Kurzes Tippen mit dem Finger an die Stirn, kurzer Blick auf die Slibowitz-Flasche in der Hand. „Und hier – hier krieg ich 40 Prozent!"

1965 – AUFTRITT IN GIPS

„Zunächst möchte ich meiner Enttäuschung Ausdruck geben – darüber, dass man noch immer die Jahre einfallslos fortlaufend nummeriert und ihnen nicht so wohlklingende Namen gibt wie unseren Wochentagen, Monaten und Jahreszeiten. Also wird sich auch das kommende Jahr nur durch eine andere Nummer unterscheiden. Wenn ich trotzdem eine Prognose geben darf, so diese, dass wir im nächsten Jahr Ostern, Weihnachten und Silvester früher feiern können, da es kein Schaltjahr sein wird wie das verblichene. Und das ist vielleicht das einzig Erfreuliche, was uns die Nr. 1965 zu bieten haben wird ..."

MARITA: Mein Vater hatte nur einen mäßigen Start ins Jahr, wie so oft stand er am 31.12. auf der Bühne, dieses Mal in Düsseldorf in der Operette ‚Die Fledermaus'. Nur hatte er sich kurz vorher das Bein gebrochen und anstatt abzusagen, trat er mit Gipsfuß auf.

Die **Lübecker Nachrichten** schrieben am 17.1.65: „Seit gut zwei Jahrzehnten kann Heinz Erhardt sich in der Publikumsgunst sonnen. Das kommt nicht von ungefähr. Allerdings hatte der beliebte Humorist in der ersten Schaubude des Jahres 1965 einen sehr schwachen Start, sodass in den Lübecker Nachrichten von gequälten Witzeleien Heinz Erhardts geschrieben wurde."

Der kritisierte Komödiant antwortete:

„Liebe Lübecker Nachrichten!

Ehrlich gesagt: Ich bewundere Ihren Rezensenten! Wie treffend bemerkte er doch, dass meine Witzeleien gequält gewesen seien! Und wie recht hatte er damit: Hatte ich mir doch zwei Minuten vor dem Auftritt den rechten Fuß gebrochen! Dass meine Darbietung da ein wenig gequält ausfiel, kann man sich denken. Ich bitte also Ihren Rezensenten, mein Versagen in der Schaubude zu verzeihen und verbleibe mit gebrochenem Fuß – aber sonst ungebrochen – Ihr Heinz Erhardt."

(2 Minuten vor diesem Auftritt brach ich mir den rechten Fuß! Obwohl ich nicht auftreten konnte, _musste_ ich auftreten!!!)

Der Frosch i. Maske!

Frosch und Eisenstein (Köln)

„Heinz Erhardt wieder als Frosch. Zum ersten Mal seit seiner Verletzung, die er sich in Hamburg zuzog, spielte er in der Kölner Fledermaus-Inszenierung wieder den Gefängniswärter Frosch", schrieb die **Kölner Rundschau** am 25.1.65.

Sein Kommentar: *„Man hat mir vorher zu oft Hals- und Beinbruch gewünscht. Aber ich mache ja nicht das, was die wollen."*

„Jubelnder Beifall empfing ihn, als er bei seinem ersten Auftritt auf seinen rechten Gipsfuß zeigte und doppelsinnig erklärte: ‚Da passt nichts drüber; den Schuh habe ich in Hamburg gelassen …'"

Handschriftlich hat Pappi in seinem Album die Erklärung zu diesem Insider über Oskar Fritz Schuh, Intendant am Hamburger Schauspielhaus, geliefert: *„Schuh war ehemaliger Intendant in Köln und sehr unbeliebt. Wirkt jetzt in Hamburg."*

Sein Gipsfuß machte Schlagzeilen. Er trat nicht nur auf der Bühne, sondern auch im Fernsehen damit auf.

Noch'n Vers

Heinz Erhardt, Dichter-Komiker, spielt nach seinem Beinbruch in Torrianis TV-Hotel mit echtem Gipsverband und echten Schmerzen. Die Kabarettistin Gisela Schlüter schickte ihm einen selbstverfertigten Fußschützer mit dem Hinweis, sie habe nur den Zehenteil gestrickt, die „Verse" mache er ja selber.

Noch an Ostern hat mein Vater seinen Gips genutzt, um sich einen Scherz mit der Zeitschrift **Constanze** zu erlauben. Die Zeitschrift hatte Ostern 1965 Eier an Prominente geschickt mit der Bitte, sie zu bemalen.

Heinz Erhardt rief in der Redaktion an: „*Können Sie das Ei abholen? Ich bin doch noch gefußdicapt – ich meine natürlich: durch meinen Fuß in Gips gehandicapt.*"
Und als eine Redakteurin das Ei abholen wollte, drückte er ihr ein unbemaltes Ei in die Hand.
„*Ich habe mir ganz besonders große Mühe gegeben*", schmunzelte er.
„*Pinselig, wie ich bin, habe ich das Ei akkurat bemalt – von innen natürlich! Sie können es aber auch wenden lassen. Nur ist es dann nicht mehr so originell, gell?*"
Sie ist dann eben ohne Ei, aber mit einer echten Erhardt-Geschichte wieder abgezogen.

Auch für Heinz Erhardt ist söben, söben – soeben etwas sehr Merkwürdiges eingetreten: Nämlich Constanze, um das Ei abzuholen, das er bemalen sollte.

„Stören wir auch nicht?" fragte unsere Ostereier-Abordnung. Worauf er (den Schaber im Nacken) bemerkte: „Nein, nein, behüte! Ich gluck' hier nur und brüte!"

Was heißt hier Eulenspiegel-Ei? Auch unter dieser rauhen Schale schlägt ein guter Kern. Pinselig, wie ich bin, habe ich das Ei längst bemalt...

... von innen, natürlich! Sie können es aber auch wenden lassen. Nur ist es dann nicht mehr so originell, gell?

1965 – DER ÖLPRINZ

MARITA: Im Mai begannen die Dreharbeiten für den Karl-May-Film **DER ÖLPRINZ** in Jugoslawien. Regisseur Harald Philipp musste die gefährlichen Szenen im reißenden Fluss bei Regen und Kälte drehen. Die Hauptdarsteller Pierre Brice, Steward Granger und Antje Weisgerber stöhnten über das kalte, nasse Wetter.

Es war für meinen Vater der erste Wildwest- und Action-Film und inspirierte ihn zu einem Artikel über seine Erlebnisse, den er in seinem unvergleichlichen Stil schrieb.

„Das reift so aus dem Steg", sagt **Opus**.

Heinz Erhardt – Kantor Hampel – in dem Farbfilm „Der Ölprinz"

„Auch ich war in Indianien

Täglich, wenn die Sanduhr erst fünf oder sechs tickt und die Sonne zischend aus der Adria steigt, werfen sich schon die Schatten mitsamt ihren Ereignissen auf mich. Ich werde geschminkt. Da läuft mir so mancher Stein über die Leber. Sodann karrt man mich auf einem Kriegspfad zum Ort des Getümmels.

Auf dem Weg treffe ich oft ein paar Indianer, die ganz aus dem Zeltchen sind, weil sie im Matsch stecken und ebenso viele Schwierigkeiten haben herauszukommen, wie damals Ariadne ohne Faden. Manchmal ruft einer um Hilfe, aber ich kann nicht nach jeder Friedenspfeife tanzen. Am Drehort angekommen, gehe ich unbehenden Fußes zum Wohnwagen. Denn es regnet meist. Es sind noch kaum Indianer da und ein Indianer macht bekanntlich keinen Sommer. Erst wenn die anderen Blauhäute – so kalt ist es – kommen, wagen sich ein paar Millieinheiten Sonne hervor. Oft sträubt sich mir die Gänsehaut, dass ich am liebsten aus derselben fahren möchte.

Da sitze ich nun, ernst wie die jugoslawische Landschaft. Doch Winnetou rief und alle, alle kamen. Auch ich stelle mich vollzählig ein. Ich weiß, ich muss meine Rolle biegen oder brechen. Eines ist klar, das hier sind keine Lorbeeren, auf

denen gut ruhen ist. Im Gegentum: Unbarmherzig trifft oft trotz der Kälte Axel, der Erfinder des gleichnamigen Schweißes, in Aktion und streut einem denselben in die Augen.

Oft möchte ich Fersendinar geben. Ich bin indes kein Mäuser, der sich unter jeder Schicksalsohrfeige duckt. Inmitten gefährlicher Scharen, die nichts als Mützel im Kopf haben, ist es schwer zu wissen, wo der eigene steht. Und wie man dann suchen muss, wenn man die Hände über ihm zusammenschlagen will.

Jeder trägt den Tomahawk im Brotsack, viele werfen ihre Colts in die Waagschale und Ölprinz Harald Leipnitz ist vollauf damit beschäftigt, sein dramaturgisches Verhältnis mit Old Shurehand Stewart Granger zu spannen. Deshalb werfe ich natürlich nicht das Gewehr ins Getreide.

Unten im Tal ist der Fluss. Schon der Faserplattenhersteller Heraklit sagte einmal: ‚Alles fließt'. So auch der Fluss. Er ist grausig kalt. Pierre Brice, Antje Weisgerber, Macha Meril und Mario Girotti müssen da wirklich hinein. Ich glücklicherweise nicht. Eher würde ich auch in den sauren Zankapfel beißen.

Immerhin hing eine ganze Weile das Damoklespferd über mir. Ich habe Angst vor diesen Raubtieren und deshalb im Vertrag, dass ich keines zu besteigen brauche. Kaum wollte ich in bester Absicht dem Gaul von Harald Leipnitz Zucker reichen, da biss er mich in den Finger, der nun eine einzige Quetschwunde ist. Ein Königreich für kein Pferd!

Solange die Quetschwunde reichte, ging ich mit ihr an der Hand und mehreren Klößen im Hals zum Mittagessen. Dieses wird aus sogenannten Lunchtüten verabreicht, deren Inhalt oft bläht. So wurde ich in reiferem Alter auch noch zum Blähboy.

Schlechter noch ergeht es den Leuten, die auf dem Floß arbeiten müssen. Pierre Brice zog sich dabei ebenfalls eine Quetschwunde am Finger zu. Ich tröstete ihn mit

Dabei verkauft sich Lachen so gut. Schon lange vor Beginn des Theaterabends mit Heinz Erhardt am Dienstagabend stand das Schild „AUSVERKAUFT" am Fenster der Kasse des Kursaals. Große Humoristen sind eben auch immer große Magneten.

Wenn es auf den Plakatankündigungen nur geheißen hätte: „Ein Abend des Norddeutschen Gastspiel-Theaters Hamburg", dann wäre der Kursaal sicher nur halb so voll gewesen. Die Besucher kamen wegen Heinz Erhardt. Sie wollten lachen und sich freuen. Daran hinderte sie auch nicht der schrullig-frivole Titel des Lustspiels „Des Menschen Pille ist sein Himmelreich".

Ein Trost, daß sich Heinz Erhardt durch die Handlung nicht stören ließ. Er, der mord- und geldsüchtige Versicherungsagent des Spiels, blieb bei seinen Leisten: er blieb Humorist. Er wurde auch in dieser Aufführung kein Schauspieler.

Dagegen gelang es ihm spielerisch, das Theater auseinanderzunehmen und eine Parodie darauf zu machen. Der Pillenkiller Erhardt, der so leichthin sein Ugrawugra-Gift aus Kratschka-Purka verteilte, hatte das Spielbuch — wahrscheinlich ebenso bedenkenlos — umgeschrieben, um „seine Platte" ablaufen zu lassen.

Das Publikum amüsierte sich köstlich über seine Wortspielereien und Albernheiten, über seine geistreichen Verdrehungen und über die zwerchfellerschütternde Mimik und Gestik.

Damit ließ er das Theater und seine Mitspieler stehen. Sie waren nichts anderes als Kulisse, Staffage, Requisiten für seine Show. die sich dann langsam aber sicher über fünf Bilder hinweg zum Klamauk entwickelte. Dazu gehörten auch die Kunstpausen, in denen er sich — ganz abseits des Spiels — wieder als Heinz Erhardt produzieren und auch Gedichte (aus seinen Werken) vorlesen konnte.

*

dem immer hilfreichen Satz: Geteilter Quetsch ist halber Schmerz, doch ist's beileibe auch kein Scherz.
Pierre Brice hatte die Stirn, sie zu runzeln."

Im Sommer ging mein Vater wieder auf Bädertournee, um abendlich auf der Bühne zu stehen. Die **Tauber Zeitung** berichtet am 24.6.65:

„Schon lange vor Beginn des Theaterabends stand das Schild ‚Ausverkauft' am Fenster der Kasse des Kursaals. Große Humoristen sind eben auch immer große Magneten. Die Besucher kamen wegen Heinz Erhardt. Sie wollten lachen und sich freuen. Daran hinderte sie auch nicht der schrullig-frivole Titel des Lustspiels ‚Des Menschen Pille ist sein Himmelreich'.

Ein Trost, dass sich Heinz Erhardt durch die Handlung nicht stören ließ. Er, der mord- und geldsüchtige Versicherungsagent, blieb bei seinen Leisten; er blieb Humorist. Er wurde auch in dieser Aufführung kein Schauspieler.

Dagegen gelang es ihm spielerisch, das Theater auseinanderzunehmen und eine Parodie darauf zu machen. Der Pillenkiller Erhardt, der so locker sein Ugrawugra-Gift aus Kratschka-Purka verteilte, hatte das Buch bedenkenlos umgeschrieben, um ‚seine Platte' ablaufen zu lassen.

Das Publikum amüsierte sich köstlich über seine Wortspielereien und Albernheiten, über seine geistreichen Verdrehungen und über die zwergfellerschütternde Mimik und Gestik.

Damit ließ er das Theater und seine Mitspieler stehen. Sie waren nichts anderes als Kulisse, Staffage, Requisiten für seine Show. (…)"

Kapitän in der Badewanne
war Heinz Erhardt kürzlich in einer Schaufenstersendung des Zweiten Deutschen Fernsehens. Im Wellenbad in Westerland auf Sylt erzeugte er ohne viel Wind Wellen der Begeisterung. Mit einem Regenschirm gegen die Unbilden des Wetters gewappnet, brachte er tropfenweise seine eigenen gesammelten Werke.

Gerade der Badewanne entstiegen für die ZDF-Sendung „Schaufenster Deutschland", erreichte Pappi en Brief, der nach großem Abenteuer klang, ihn dann aber ganze acht Tage ans Bett fesselte. So lange war er noch nie krank gewesen. Für die Zeitschrift **7 Tage** hatte er dieses Stück darüber getextet:

„Ich sollte mal wieder in einem Karl-May-Film mitmachen. Drüben in Südamerika. Nun denn, das reizte mich. Ich sah blau, nein, rot vor Begeisterung. Also, man schrieb mir, die ganze Sache hieße ‚Das Vermächtnis des Inka' und man wollte gleich anfangen. Ich sollte mich nur rasch impfen lassen. Schön, sagte ich mir. Impfen muss sein. Ich ging also zu einem Impfer und da wurde ich eingeimpft. Einmal nach dem anderen. Und als der endlich fertig war, da war ich auch fertig – fix und fertig.
Ich lag acht Tage im Bett und fühlte mein letztes Stündlein gekommen. Ich träumte nicht mehr von den Inkas, sondern nur noch von meinem Vermächtnis. Es war grauenhaft. Endlich, am neunten Tag, kam ich wieder zu Kräften und fand das Leben wieder lebenswert.
Am Horizont – ganz fern, aber schön rosig – sah ich mich in Südamerika. Hei, das würde lustig werden. Und da brachte auch schon der Briefträger einen Dings – einen Dingsdabums – einen Brief, was sonst.
Sicherlich die Flugkarten. Ei der Daus, da war ich aber froh.
Bis ich las, was da stand: ‚... müssen wir Ihnen mitteilen, dass wir aus zwingenden Gründen auf die Reise nach Südamerika verzichten müssen. Wir drehen die Szenen in der Lüneburger Heide.'
Weder vergoss ich Gelächter noch hielt ich mir den Bauch vor Tränen. Ich hub an, schamviolett zu werden vor Zorn. Auch mit dem Film hat man so sein Theater."

„Schaufenster Deutschland" am 26.6.65 in Westerland/Sylt

Borkum, Grüner Teppich, 31. August 1966

Insel-Tournee 1965, Borkum 19.8.65 „Grüner Teppich"

DAS VERMÄCHTNIS DES INKA (Regie: Georg Marischka) wurde dann doch nicht nur in der Lüneburger Heide gedreht, sondern auch in Spanien und Bulgarien. Mein Vater spielte den Universitäts-Professor Morgenstern und bildete mit Walter Giller und Chris Howland das komische Element des Abenteuerfilms. Aber toll fand er den Film nicht.
In seinem 13. Album hat er am 29.7.66 vermerkt:
„Heute, am Tage vor dem Fußball-Weltmeisterschaftsendspiel, habe ich den Film gesehen. Große Sch…!"

(Heute, am 29.7.66, am Tage vor der Fussballweltmeisterschaft England–Deutschland, habe ich den Film gesehen: grosse Sch…!)

Als Prof. Morgenstern

Als Gastino

Auch über den Film **WARUM HAB ICH BLOSS 2x JA GESAGT**, der später unter dem Titel „Der liebestolle Schlafwagenschaffner" in die Kinos kam, hat er in seinem Tagebuch kritisch vermerkt:

„In dem nebenstehenden Film hatte ich nur einen Drehtag mit einer allerdings ganz lustigen Szene. Obwohl ich in diesen 90 Minuten nur 5 Minuten zu sehen bin, plakatiert man mich ganz groß. Ich finde das nicht richtig und deshalb werde ich nur noch große bzw. Hauptrollen annehmen."

Eine große Rolle hatte mein Vater in der Komödie **KLEIN ERNA AUF DEM JUNGFERNSTIEG**.
In sein Album schrieb er: „Ich machte meine erste Alsterfahrt mit einem für den Film gecharterten Dampfer. Jetzt weiß ich erst – nach 21 Jahren – wie schön Hamburg ist. Die Kleine ist ein lieber Kerl und hat auch

schauspielerisches Talent – bloß sprechen kann sie nicht. Na ja – der ganze Film ist – Sch... weigen wir drüber."

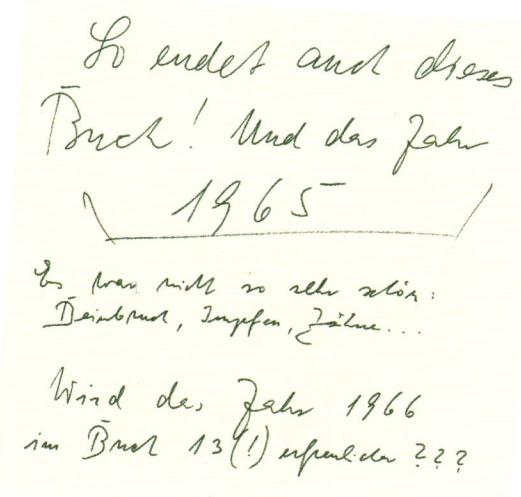

So endet auch dieses Buch! Und das Jahr 1965

Es war nicht so sehr schön: Deinbruch, Impfen, Zähne...

Wird das Jahr 1966 im Buch 13 (!) erscheinen ???

BESTSELLER – ES IST SAGENHAFT!

VERENA: Anfang der Vierzigerjahre hatte Pappi sich schon auf die Suche nach einem Verlag gemacht, das erste Buch veröffentlichte der Morawe & Scheffel Verlag 1949, ein 64 Seiten dünnes Buch mit dem Titel „Tierisch Satirisches", der Hermes Verlag brachte 1956 Gereimtes und andere Ungereimtheiten" heraus, 1961 erschien erstmals im Wilhelm Limpert Verlag „Noch'n Gedicht", das endlich 1963 im Fackelträger Verlag neu und erweitert aufgelegt wurde.

Das war endlich der große Wurf, auf den mein Vater die ganze Zeit gehofft hatte. Dieses Buch wurde zum Dauerbrenner. Kurz darauf folgte „Nochmals noch'n Gedicht" als Fortsetzung.

Einem Bremer Journalisten erzählte mein Vater Anfang November 1964 von seinem ersten Versuch ein Buch herauszubringen. *„Sein erstes Buch mit eigenen und –willigen Gedichten sollte schon im ‚Tausendjährigen Reich' erscheinen. Willy Schäffers vom Berliner ‚Kabarett der Komiker' reichte, wie damals vorgeschrieben, die Manuskripte beim Reichspropaganda-Ministerium ein. Kommentar von Goebbels: ‚Wir haben alles andere zu drucken, als solch einen Quatsch!'"*

1965 erschien bei seinem neuen Verlag Fackelträger „Noch'n Buch" und 1966 Noch'n Heinz Erhardt, 1968 schließlich „Und viertens", denn inzwischen war „Noch'n

Gedicht" und sein Folgeband als erweiterte Ausgabe unter dem Titel „Noch'n Gedicht" erschienen.
Zum 60. Geburtstag legte der Verlag den Buchhandlungen in einer Anzeige im Börsenblatt nahe, Erhardt-Fenster zu gestalten und sich mit den vier Büchern zu bevorraten.

Anzeige im Börsenblatt (27)

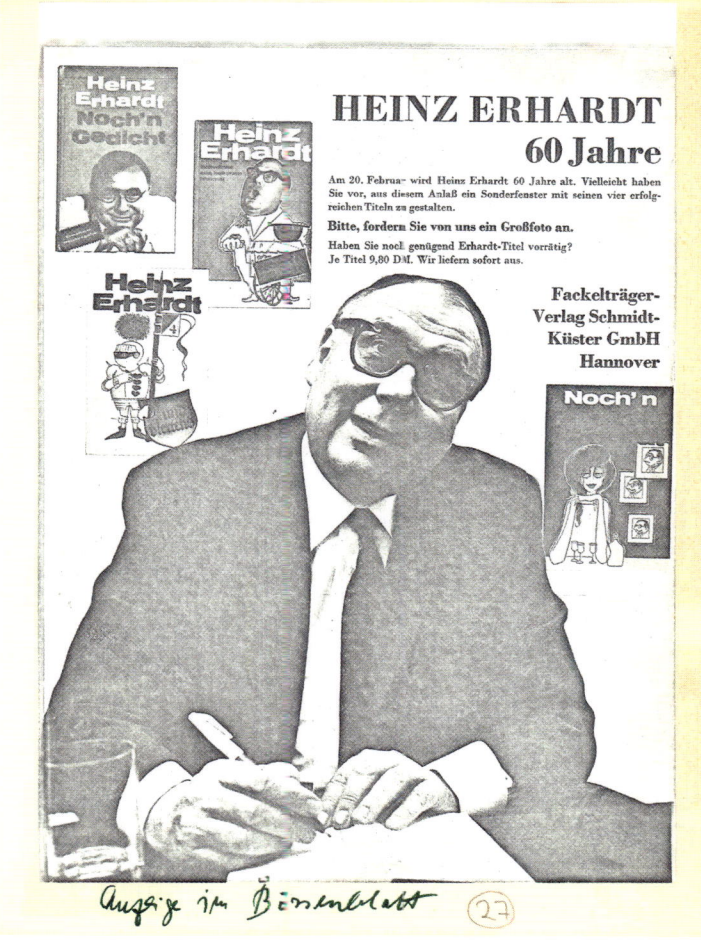

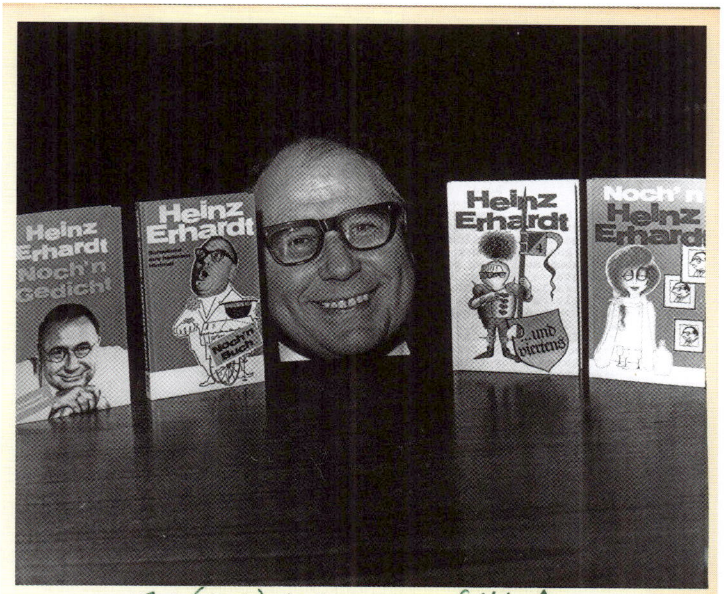

Ich (Mike) mit meinen „Schätzen"

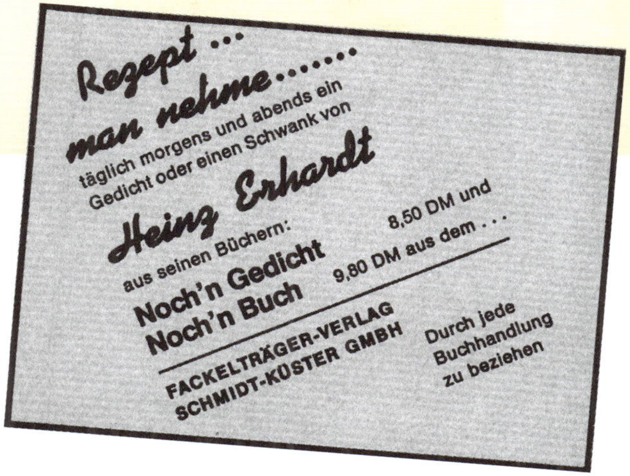

Mit Fackelträger machte mein Vater – nach schlechten Erfahrungen mit den ersten Verlagen – nur gute Erfahrungen. Er war davon selbst überrascht, wie er 1966 in seinem Album handschriftlich vermerkte.

Fackelträger-Verlag Schmidt-Küster GmbH · 3 Hannover · Georgstraße 50 B

Herrn
Heinz Erhardt

2 Hamburg 64
--
Fasanenhain 9

Hannover, den 9. Dezember 1966
Ro/Be

Lieber Herr Erhardt,

ich freue mich mit Ihnen über Ihre Erfolge, die ja auch die unsrigen sind. Wenn alle Bücher so gut wie Ihre verlangt würden, wäre das Dasein eines Verlegers schon ein Vorgeschmack auf das Paradies.

Wie Sie wissen, sind wir immer schnell bei der Hand, denn es geht ja darum, das Publikum nicht zu enttäuschen, und so ist die nächste Auflage bereits ausgedruckt. Ihr Brief mit den kleinen Änderungswünschen traf zu spät ein.

Also dann bei der dritten Auflage .....

Herzliche Grüße
Ihr

Am 10.12.66 diesen Brief erhalten. Was sagt man dazu, dass ein Verleger die „Verdienste" seines Autors anerkennt? Zumal sonst immer eine sogen. „Hassliebe" zwischen beiden herrscht!

Hör zu, 12/67

Bad. Tagblatt, 8.4.67

So was Idiotisches! Das links oben besprochene Buch gibt es gar nicht mehr! Der Limpert-Verlag ist längst pleite (siehe auch den Preis: 6,80!)! Er ist mir 10.000 DM schuldig geblieben – nachdem mir der Konkursverwalter 1% angeboten hatte, das sind DM 100,-!!!

Mein obiges Gedicht hat meine Enkelin (8) Andrea bemalt und mir auswendig aufgesagt. Das war am 3. August 1967

Am 17.7.68 schickte mir der Verlag den neuen Umschlagausdruck zur Begutachtung. Ich finde ihn gut! Zip auch! Hoffen wir, dass auch mein 4. Buch ein „Bestseller" wird!

So wird der „Große H.E." aussehen! (12.2.70)

MARITA: 1970 erschien ‚Das große Heinz-Erhardt-Buch', das die erfolgreichsten Texte aus den vorangegangenen vier Büchern enthält. Das Buch verkaufte sich ordentlich. Bis mein Vater, der schon für die verschiedensten Dinge Werbung gemacht hatte, es 1971 mit in Robert Lemkes Sendung „Was bin ich" mitbrachte. Er war zu seinem 62. Geburtstag dort eingeladen. Und nachdem er sein Buch dort in die Kamera gehalten hatte, schossen die Verkaufszahlen nach oben. Am 12. März notierte er in sein 18. Album:

Soeben ruft der Fackelträger Verlag an: „Es ist sagenhaft, über 20.000 Bestellungen auf „Das Große Heinz-Erhardt-Buch" liegen vor. In Basel ist Ihr Buch auf der Bestseller-Liste an fünfter Stelle, ab heute wird Ihr Buch wieder ausgeliefert. Es ist sagenhaft."

Dieses „Es ist sagenhaft!" sagte der Herr vom Verlag mindestens fünf Mal. Ja wirklich, es ist sagenhaft. Es ist sagenhaft! Es ist sagenhaft! Es ist sagenhaft! Es ist sagenhaft!

Obwohl mein Vater ein sehr viel beschäftigter Mann war, nahm er seine Verpflichtungen, neue Bücher mit Lesungen zu bewerben, ernst. Es war für ihn die Möglichkeit, direkt mit dem Publikum zu kommunizieren, auf einer Bühne zu stehen. Eben das, was er am liebsten machte.

Plötzlich kamen Anfragen von vielen Buchhandlungen, die ihn für Signierstunden gewinnen wollten. Im letzten Album hat er neben einer Anfrage notiert:

Autogramme – Autogramme (Stuttgart) März 1967

„Solche Briefe wie diesen erhalte ich fast täglich. Und gestern teilt mir mein Verlag mit, mein Buch stünde auf der offiziellen Bestsellerliste auf dem 7. Platz! Nun sieh mal an – nun hat man mich auch als ‚Dichter' entdeckt und das, nachdem meine ‚Verse' schon seit 1950 auf dem Markt sind! Aber die heitere Literatur hat es ja immer schwerer gehabt, ernst genommen zu werden!" (9.5.71)

(Diese „Lesung" am 14.10.68 im Mainzer „Gutenberg-Museum" war wider Erwarten ein nachhaltiger Erfolg! Der Saal (190 Plätze) war ausverkauft und das schönste an Saal, was ich je gesehen habe! – Vor dem Auftritt war ich sehr aufgeregt und Zipchen musste mich beruhigen. Kaum aber war ich draußen, ging alles so, als hätte ich so etwas schon tausend Mal gemacht.
Was alle (auch meine Oldenburger Gastspieldirektion) immer so verwundert, ist, dass sich unter meinem Publikum so viele Jugendliche befinden! Ich finde das herrlich, denn die Leute (...) werden (hoffentlich) auch in Zukunft mein Publikum sein!)

Lesung in Stuttgart

Signierstunde nach der Lesung im Gutenberg-Museum 1968

Im Herbst 1971 war das „Große Heinz Erhardt Buch" 200.000 Mal verkauft. Bis heute sind über 2,5 Millionen dieses Buchs verkauft worden. Und anders als beim Film war Pappi hier am Erfolg beteiligt. Zum ersten Mal verdiente er dauerhaft an seinem Erfolg. Das war gut, denn als er nicht mehr auftreten oder drehen konnte, sicherten die Bücher den Lebensunterhalt meiner Eltern.

Im Jahr 1978, ein Jahr vor seinem Tod, wurde Pappi für sein großes Buch mit dem „Goldenen Gedicht" geehrt, einer Entsprechung zur „Goldenen Schallplatte".

O wär ich
der Kästner Erich!
Auch wäre ich gern
Christian Morgenstern!
Und hätte ich nur einen Satz
vom Ringelnatz!
Doch nichts davon! – Zu aller Not
hab ich auch nichts von Busch und Roth!
Drum bleib ich, wenn es mir auch schwer ward,
nur der Heinz Erhardt …

Das große Heinz Erhardt-Buch im Laufe der Jahrzehnte:

1970

2003

2009

2022

1969 – EIN RICHTIGER SECHZIGER

MARITA: Pappis 60. Geburtstag war auch fürs Fernsehen ein größeres Event. In der Drehscheibe feierte er seinen Geburtstag vor laufender Kamera. In zwei unterschiedlichen Ankündigungen der **Hör zu** hatten sie falsche Angaben gemacht. Einmal den Tag und einmal ein ganzes Jahrzehnt verwechselt. Mein Vater hat die eine Ankündigung davon und eine korrekte aus der **Funk Uhr** in seinen Alben auf eine Seite geklebt und dazu vermerkt:
„Danke, liebe ‚Hör zu!'
(Erst machte sie mich 18 Tage älter – und nun 10 Jahre jünger! – Auf die Frage, ob ich über die obige ‚Falschmeldung' erfreut sei, antwortete ich: ‚Nein! Ich bin lieber ein prächtiger Sechziger – als ein falscher Fuffziger!'")

VERENA: In seinem 15. Album hat Pappi beschrieben, wie sein 60. Geburtstag verlaufen ist.
Er schrieb:

„Also, der 20. Februar 1969 war ein toller Tag. Es fing um 5 Uhr 50 an. Der Saarländische Rundfunk gratulierte. Um 7 Uhr 10 der Hessische, um 7 Uhr 15 RIAS Berlin und um 7 Uhr 30 der SFB. Dann folgten der WDR und Radio Stuttgart. Immer musste ich erzählen, wie ich mich so als 60er fühle. Und das so früh am Morgen und dann live über die Sender.
Um 11 Uhr, nachdem ständig Telegramme, Blumen und Anrufe kamen, begann der Empfang in der ‚Kleinen Komödie'. Mein Gott, wer da alles kam. Trotz grauenhaften Wetters. Ein Schneetreiben, dass man sein eigenes Gesicht nicht sehen konnte.
Um 16 Uhr waren alle fort und nun wurde TV gemacht. Für die ARD und fürs ZDF. Und abends dann Vorstellung ‚Cleopatra die Zweite'. Das Stück dauerte eine halbe Stunde länger, weil das Publikum so tobte. Und nun habe ich es mit dem Kreislauf. Kein Wunder." (2.3.69)

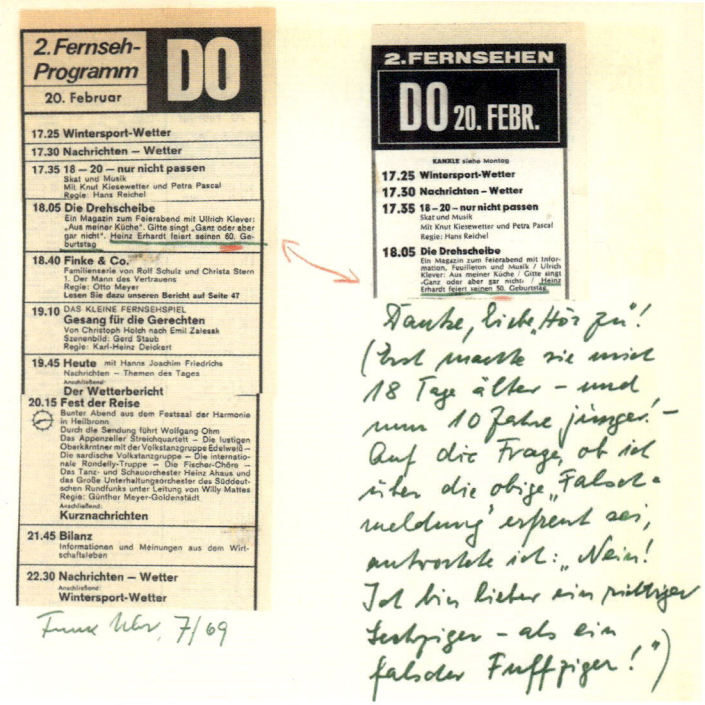

> Also: der 20. Februar 69 war ein toller Tag. Es fing um 5.50 an: der Saarländische Rundfunk gratulierte. Um 7.10 der Hessische, um 7.15 Rias, Bln. und um 7.30 der SFB. Dann folgten der WDR und Radio Stuttgart. Immer wundre ich, wie ich mich als Uhr fühle – und das so früh am Morgen und dann live über die Sender!!!
> Um 11.00 – nachdem ständig Telegramme, Blumen und Anrufe kamen – begann der Empfang in der kl. Komödie. Mein Gott, was da alles kam, trotz grauenhaften Wetters: ein Menschenkarren, dass man sein eigenes Gesicht nicht sehen konnte!
> Um 16.00 waren alle fort – und nun wurde TV gemacht: fürs ARD und fürs ZDF. Und abends dann Vorstellung "Kleopatra II". Es wurde amüsant: das Stück dauerte eine halbe Stunde länger, weil das Publikum so tobte! Und nun habe ich es mit dem Kreislauf! Kein Wunder! (2.3.69)

Und es ging genauso weiter, mein Vater war pausenlos auf Achse, obwohl es ihm gesundheitlich nicht gut ging.

Am 2.3.69 notierte er: „Ich fühle mich sehr schlecht. Unregelmäßiger Puls, Atemnot und zu hoher Blutdruck (210). Zur Vorstellung kann ich mich nur durch ein paar Doornkaats fit halten."

Zwei Tage später ging es ihm zum Glück deutlich besser: „Gott sei Dank seit gestern Abend fühle ich mich wieder wohl, Puls geht regelmäßig und ich habe wieder Lust zu leben."

Am 6.3. schrieb er: „Gestern zum 1. Mal den „Artaxias" ohne Schnäpschen gespielt! Geht auch! ..."

„10.5.1969. Es ist 7 Uhr 30 und ich habe soeben mein „Isoptin" eingenommen, ohne das ich nicht mehr leben kann. Und heute geht's los: Um 21 Uhr 57 geht unser Zug mit Auto nach Chiasso. Von dort fahren dann Zip und ich mit dem Wagen nach Genua, besteigen die ‚Europa' und stechen ins Mittelmeer, bis ins Schwarze.

Am 27. um 10 Uhr morgens landen wir wieder und sausen dann per Auto nach München. Dort spiele ich am 30. und 31. den Weichbrodt in dem Kinofilm ‚Der Schlafwagenschaffner'. Die Rolle ist großartig und ich hoffe nur, dass ich gesundheitlich fit bin. Es ist nicht schön, wenn es im Herzen sticht und wenn der Rücken schmerzt."

Am 15.6.69 notiert er: „Am Donnerstag fliege ich nach Klagenfurt, um dort die Funksendung ‚Prominente spielen ihre Lieblingsmelodien' zu machen.

Am Montag bin ich wieder zurück, am Mittwoch fahre ich mit dem Helvetia-Express nach Baden-Baden und von dort nach Brühl, um das beste Badedas-Gedicht auszusuchen und zu prämieren.

Am 27. bin ich wieder zu Hause und am 1.7. beginnen in der ‚Kleinen Komödie' die Proben zu ‚Das hat man nun davon'. Gott sein Dank endlich wieder Theater!"

„Heute ist Montag, der 4. August, und es herrscht eine mörderische Hitze. Nun schon über 30 Grad. Trotzdem ist das Theater immer voll. Am 6.8. ist Schluss.
Am 7.8. fliege ich nach Berlin, um 7 Uhr 55, und komme um 16 Uhr zurück. Dort singe ich fürs ZDF ‚Luisenstr. 13'.
Und am 8.8. beginnt die große Tournee – Beginn in Wilhelmshaven."

Im Dezember kam die Tournee nach Berlin. Meinem Vater ging es nicht besonders gut. Er spielte wieder mit Dodo, so nannte er einen Doppelten Doornkaat.
In sein Tagebuch schrieb er: *"Nun spiele ich wieder mit Dodo. Es geht doch besser so. Man steht dann über den Dingen und der Rolle."*
Mein Vater stand nie betrunken auf der Bühne, aber das Lampenfieber und die Angst, sein Publikum zu enttäuschen, ließ ihn doch manchmal vor dem Auftritt zum Fläschchen greifen.
Diese Angst, dass der Erfolg eines Tages vorbei sein könnte, dass ein Lacher ausblieb und ein paar Stühle freiblieben – konnte er nie ablegen. In einer der vielen Vorstellungen waren in der ersten Reihe drei Stühle frei. Mein Vater schrie seinen Manager an: „Warum sind die drei Stühle frei?" Der Manager antwortete: „Ich kann die Leute doch nicht persönlich herzerren. Die Plätze sind jedenfalls verkauft."
Mein Vater beruhigte sich wieder. Das war wieder die Ur-Angst, er könnte nicht mehr ziehen.
Mit drei leeren Stühlen fängt es an.

Während der erfolgreichen Bädertournee 1968 (Helgoland)

Als ein Theater im März 1970 in Düsseldorf pleite ging, war diese Angst wieder da: *"Ausgerechnet ich muss in einem*

Theater spielen, das Pleite macht. Es gibt so viele Theater in Düsseldorf und ausgerechnet mich erwischt es."
Dass die Vorstellungen ausverkauft waren und kein finanzieller Verlust entstand, beruhigte ihn nicht. In seinem Album zog er Bilanz: *„Von den 509 Vorstellungen waren 90 % ausverkauft, 9 % gut besucht und nur 1 % war schlecht. Und am schlechtesten war ausgerechnet unsere letzte in Coesfeld. Auch die vier anderen schlechten Vorstellungen waren im Münsterland. Also dahin gehen wir nie wieder."*

Auf die Frage eines Journalisten: „Jetzt haben Sie sich wirklich den ersehnten Urlaub verdient", sagte mein Vater: *„Urlaub nicht, den mache ich im Sommer. Dann bin ich auf Bäder-Tournee, also Urlaub mit Arbeit. Zurzeit laufen schon die Proben für das Stück ‚Mit besten Empfehlungen', das Weihnachten in Hamburg Premiere hat."*

Am ersten Weihnachtsfeiertag 1970 hatte das Lustspiel in der „Kleinen Komödie" von Peter Ahrweiler Premiere.
„Wieder ein großer Erfolg, obwohl ich nicht ganz zufrieden bin. Es sind zu wenig ‚Erhardtigmen' drin. Das merkt das Publikum und lacht nicht mehr so viel wie sonst. Vielleicht bin ich auch ein wenig müde geworden."

Das Jahresende hat er dann zum ersten Mal seit langer Zeit zu Hause verbracht. Dazu notierte er:
„Heute ist der 1.1.70! Zum ersten Mal, solange ich denken kann, bin ich ohne Schnäpschen ins Neue Jahr hineingeschliddert. Zipchen und ich waren ganz allein zu Hause und sahen uns das traurige Silvesterprogramm im TV an. Als ‚Festspeise' aßen wir Schwarzbrot und Butter und tranken Apfelsaft dazu! Dass bei uns keine große Stimmung aufkam, ist erklärlich! Aber wenigstens haben wir keinen Kater!"

MIT BESTEN EMPFEHLUNGEN

FAMILIE – ES GEHT NICHT OHNE ZIPCHEN

MARITA: An mehreren Stellen ist in seinen Alben zu lesen, dass Pappi sich für einen schlechten Vater und später auch Großvater hielt. Dennoch war er immer sehr stolz auf seine Kinder. Im letzten Album hat er im Juni 71 notiert:

„Ich glaube, es wird Zeit, mal wieder über meine Kinder zu berichten! Die größte und schönste Überraschung: Gigis Hans ist vom Tutti- zum Solocellisten der Hamburger Staatsoper promoviert! Er hat es, weiß Gott, verdient! Marita ist im Moment mit ihrem Heinz, dem Frauenarzt, sehr glücklich und Verena mit ihrem Rübezahl auch! (Rübezahl deswegen, weil sein Gesicht fast zugewachsen ist.)
Gero macht weiterhin Karriere als Kameramann – leider zupft er immer an seinem Dschingis-Khan-Bart, den er gar nicht nötig hätte ..
Gigis Tochter Andrea (Mausi), ein hübsches großes Mädchen, besucht uns im August in Berlin, gelegentlich meines Hebbel-Theater-Gastspiels, worauf wir uns sehr freuen. Hoffentlich sind bis dahin ihre abgebissenen Nägel etwas gewachsen, denn das ist ihr einziger Minuspunkt!"

Seine Frau, unsere Mutter, aber brauchte er, ohne sie hätte er sein Leben als Kabarettist und Schauspieler nicht leben können. Sie war seine strengste Kritikerin, Managerin und sein Halt in Krisensituationen.
Als das Finanzamt be der Steuererklärung 1971 nicht akzeptiert, dass auch die Kosten für seine mitreisende Frau steuerlich geltend gemacht werden, trägt er alle Argumente zusammen, warum das seine Richtigkeit hat:

„Am 25.6. kommen fünf hohe Steuerleute zu mir, um wegen meiner Reisekosten zu verhandeln. Bevor sie beginnen, will ich etwa Folgendes sagen: ‚Ich gebe mein Geld gern diesem Staat, denn ich liebe ihn, obwohl ich

hier gar nicht geboren bin und ich beabsichtige auch nicht, nach Lugano zu ziehen, wohin sich viele meiner Kollegen abgesetzt haben. Aber ich möchte betonen, dass ich jeden Pfennig, um den es hier geht, mit meinem Kopf verdient habe und nicht durch Machenschaften und Drehereien!' (18.6.71, nachts)

Hier meine Gegenargumente: Zipchen muss dabei sein wegen 1. Korrespondenz, 2. Gagenverhandlungen, 3. meine Manuskripte ins Reine schreiben, 4. Rollen abhören, 5. Presseleute und Autogrammjäger mir vom Leibe halten, 6. Garderobe einrichten, 7. Bühnenaufbau beaufsichtigen (nach oft 500 km Autofahrt bin ich dazu nicht mehr fähig!). Gut, ich könnte eine Sekretärin, jung und hübsch, engagieren – was vielleicht amüsanter wäre, und was ja die Herren der Wirtschaft auch meistens tun (wegen der ‚nächtlichen Tagungen') – aber diese Dame würde höchstens für die Aufgaben 1–5 zu gebrauchen sein, für 6 und 7 wäre sie nicht zu gebrauchen. Und man nenne mir eine Sekretärin, die meine Wäsche waschen würde, wenn wir täglich woanders sind! Und diese Dame aber darf ich von der Steuer absetzen! Ich arbeite fast pausenlos, nicht, um Geld zu verdienen – seltsamerweise denke ich oft gar nicht dran! -- , sondern weil ich arbeiten muss! Denn in keinem Beruf wird man so schnell vergessen wie in meinem! Also kann ich mir keinen Urlaub erlauben, und – vor allem – ich darf nicht krank werden!!!! Ich darf nicht Vorstellungen ausfallen lassen, weil ich wegen meines regelmäßig auftretenden Rheumas in dem Fuß nicht gehen kann – also muss ich auf die Bühne kriechen und das geht nicht ohne Zipchen.

Und wenn ich – wie neulich – ein schwere Grippe habe und mit 40° auf der Bühne stehen muss, so muss jemand mich tagsüber pflegen und ich glaube nicht, dass das eine Sekretärin tun würde! Ich kann mir nicht leisten, wegen des Rheumas wochenlang auf Ischia zu verbringen oder mich wegen einer Grippe drei Wochen lang ins Bett zu legen. Denn ich muss im Gespräch bleiben, weil ich nicht, wie z.B. die Beamten, automatisch befördert werde!" (18.7.71 morgens)

Im Sommer 1968 zu Hause aufgenommen.
(Wir hatten im Norden im Gegensatz zu den unteren Gefilden – einen herrlichen Sommer! Wochenlang fiel kein Regen, dafür schienen ständig Sonne u. Mond. (...)

Heinz Erhardt lernte seine Frau vor 33 Jahren in einem Aufzug kennen
»Ohne meine Gilda kann ich nicht mehr leben«

Wenn er auf der Bühne steht und „noch 'n Gedicht" aufsagt, biegt sich sein Publikum vor Lachen: Heinz Erhardt gehört immer noch zu der ersten Garnitur der deutschen Humoristen. Aber wie lebt dieser Mann privat? Wer ist seine Frau, und wie benimmt sich ein berühmter Komiker zu Hause? WOCHENEND besuchte das Ehepaar in seinem Hamburger Heim und mußte feststellen, daß Heinz Erhardt, der „den Schalk auf dem Rücken trägt", auch zu Hause immer zu Scherzen aufgelegt ist

Kein Wunder, daß er mit keiner „Oma" verheiratet ist, der Mann, der von sich selbst sagt:

„Ach, Gott, bin ich heute wieder ein Schelm."

Heinz Erhardt ist ja selbst schon mehrfacher Großvater, und seine Frau Gilda ist eine bezaubernd junge Großmutter. Sie wohnen in einem reizenden Einfamilienhaus in Hamburg-Wellingsbüttel. Erhardt erstand dieses Haus mit einem großen parkähnlichen Grundstück „für'n Appel und ein Ei", wie er selbst sagte. Hier trafen wir ihn in seinem Wohn-Arbeitszimmer,

dem viele geschmackvolle Kleinigkeiten eine persönliche Note geben.

„Die Kinder wohnen alle hier drumherum, in der Nachbarschaft. Das ist gut so — besonders für unsere Enkel. Wenn ihre Eltern nämlich mal ausgehen wollen, dann spielen wir die Babysitter — na, welches Großelternpaar tut das nicht gern?"

Heinz Erhardt erblickte das elektrische Licht der Welt in Riga, in Lettland also. Schon 1938 kam er nach Deutschland.

„Wo lernten Sie Ihre Gattin kennen?"

„Meine Frau lernte ich nicht im Suff, sondern in einem Aufzug kennen", berichtete er, „wir standen uns gegenüber, drückten beide auf das gleiche Knöpfchen, und diese Berührung hinterließ einen so großen Eindruck, daß ich bald um die Hand meiner Gilda angehalten habe."

Die Letten sind die standfestesten Trinker! Volksgetränk ist der Wodka. Man trinkt ihn nicht aus Schnapsgläschen, sondern aus Wassergläsern und genauso, wie man der Kindern in Bayern ein verdünntes Eier zu geben pflegt, so bekam der kleine Heinz Erhardt schon von frühester Kindheit an verdünnten Wodka.

Hält der Bräutigam um die Hand seiner Flamme an, so ist das schon irgendwie aufregend und anstrengend, erzählte der Humorist.

Wenn Schwiegervater ein echter „Kumpel" ist

„Manchmal ist das Werben ja gar nicht so besonders — sondern ganz im Gegenteil. Und seine Frau erst — ojeh! Nachdem du zu später Stunde den Damen des Hauses sämtliche Hände geküßt und vor lauter Wodka nicht mehr gewußt hast, falls mehrere Töchter da waren, welcher du vorhin den Hof gemacht hast, verschwandest du gesättigt und satt auf Nimmerwiedersehen.

Nun gab es aber auch Familien, die dem Alkohol abhold waren. Da du aber rechtzeitig gewarnt wurdest, nahmst du eine Flasche in der Manteltasche mit. Während des Abendbrotes täuschtest du leichtes Unwohlsein vor und gingst — jegliche

Begleitung strikt ablehnend — dorthin, wo dein Mantel hing. Dort zogst du die Flasche heraus und dich dann zurück . . .

Schon nach ein paar Minuten kamst du in besserer Stimmung wieder; denn nun konntest du dich auf deine Magenverstimmung berufend weigern, den zähen Rehbraten zu Ende zu essen, den Kompott stattdessen du deiner Flasche einen längeren Besuch ab. Später, ganz mitten in der Nacht,

Schön ist die Zeit der jungen Liebe

Karl Heinz Barth erzählt, wie prominente Ehepaare zueinander fanden

einen trinkt und froh ist, einen gleichgesinnten „Kumpel" gefunden zu haben. Nach dem Abendessen, bei dem die Frau Mama dir die Vorzüge ihrer Tochter aufs Butterbrot geschmiert hatte, gingst du mit dem Hausherrn in sein Allerheiligstes, und dort kippter ihr einen köstlichen Wodka nach dem anderen herunter. Nach dem zehnten Schnaps taute selbst der kälteste Schwiegervater auf und meinte etwas lal-

Auch als Soldat brachte er die Kameraden zum Lachen

passierte es dann beim Abschiednehmen, daß deine Schwiegermutter in spe allen Ernstes sagt: „Sehen Sie, es geht auch ohne Alkohol!" Worauf du gingst und wie wieder eingeladen wurdest, weil man in irgendeiner Ecke deine leere Flasche gefunden hatte."

Ob Heinz Erhardt seine Frau auf diese Weise umworben hat, wollte er uns nicht sagen.

Seine kleine Schwäche ist ein Schnäpschen

„Ich habe eine kleine Schwäche", schmunzelte er vergnüglich, „das ist mein Schnäpschen. Und wenn Sie mir fragen würden, was sie mir gern abgewöhnen möchte, dann wär's das Schnäpschen. Aber Wodka ist für uns aus dem Baltikum eine Medizin, und vor jedem Auftritt genehmige ich mir einen oder zwei, das löst die Zunge und bringt mich in Form."

„Wann entsteht Ihr berühmter ,Erhardt-Sound', wenn man so sagen darf?"

„Ich habe zunächst nur musiziert und Chansons gesungen. Meine Masche bekam ich auf einer Tournee der berühmten Tänzerin La Jana, und zwar dadurch, daß ich einmal sehr müde von Riga nach Mannheim zurückkam. Der Zug hatte Verspätung, ich kam erst um zehn Uhr an – und um acht hatte die Vorstellung begonnen. Ich stürzte stocksauer und schlechter Laune auf die Bühne und hielt meinen Vortrag richtig böse – mit bösem Gesicht charmante Gedichte –, die Leute brüllten vor Lachen, wie nie zuvor hatten sie so gelacht. Da kam ich auf den Trichter, daß ich eine neue

Art gefunden hatte. Ich wollte die Gedichte in Heidelberg wiederholen, aber da fehlte die rechte Wut. Monatelang habe ich gesucht und gesucht – bis ich es endlich wieder heraus hatte.

Damals begann ich auch, meine Gedichte zu schreiben. Und als ich eine ansehnliche Sammlung beieinander hatte, erschien das erste Bändchen und wurde ein Bestseller.

Ich fragte ihn, ob er es denn gern hat, berühmt zu sein.

„Och ja, das muß ich zugeben. Ich finde es nett, wenn mich die Leute immer anlachen – dann weiß ich, der mag mich und hat sie zum Lachen gebracht. Das ist schon etwas Schönes."

Vier Kinder haben die Erhardts. Die Mädchen Grit, Verena und Marita sowie den Sohn Gero. Auch die Kinder freuen sich, daß ihr Vater ein berühmter Mann ist – vor allem natürlich die Enkel.

Es ist schön, bei Familie Erhardt Gast zu sein

„Sie geben in der Schule ganz schön mit mir an", lachte der stolze Großvater. Überhaupt: Seine ganze Persönlichkeit, seine Mimik und seine Art, sich zu unterhalten, strahlen viel Herzlichkeit und Charme aus. Es macht Freude, im Hause Erhardt zu Gast zu sein.

Gilda Erhardts Vater war in Riga italienischer Konsul – Frau Erhardt ist also an sich Italienerin. Sie spricht perfekt italienisch und russisch – auch Erhardt kann sich in russischer Sprache unterhalten. Mit der deutschen Sprache hapert es bei Frau Gilda etwas – aber sie nimmt's mit lächelnder Un-

befangenheit hin.

„Die erste Frage, die mein Mann damals, als wir uns kennenlernten, stellte, brachte mich zum Lachen", erinnerte sie sich. „Wir trafen uns doch im Aufzug – und wissen Sie, was er sagte: ,Verzeihen Sie, mein Fräulein, fahren Sie auch nach oben? So ein Blödsinn, nicht wahr? Mit einem Aufzug kann man ja nicht, wenn man schon im Erdgeschoß steht, nicht weiter nach unten fahren!"

Die ersten Ehejahre waren nicht leicht

„1935 haben wir geheiratet", erzählte Erhardt weiter, „1936 kam unsere erste Tochter zur Welt. Elf Monate ist es nächsten Tag her, daß Grit, unsere Enkelin, in Heidelberg verheiratet wurde. Unser Schwiegersohn ist Cellist an der Staatsoper. Unser Sohn Gero ist Kameramann beim Fernsehen, seine Frau war früher Scriptgirl und jetzt Regie-Assistentin. Sie sind also alle beim Geschäft geblieben.

Die ersten Ehejahre waren sehr hart für die Familie Erhardt. Elf Monate im Jahr war Heinz Erhardt unterwegs – auf Tourneen, bei Gastspielen. In diesen Jahren hielten sie wie Pech und Schwefel zusammen und bissen sich durch. Manchmal war der Schmalhans Küchenmeister, und oft reichte das Geld hinten und vorne nicht.

„Trotzdem, es war eine wertvolle Zeit. Diese harten Jahre schmieden zusammen, und erst in der Not erkennt man, wie man für den anderen verzichten lernt, ohne große Worte."

Auch heute noch ist Heinz Erhardt viel unterwegs.

„Im Sommer machen wir jedes Jahr unsere große Bäder-Tournee in die Feriengebiete. Im Zeitalter des Fernsehens ist eigentlich kein Geld mehr zu verdienen, das geht nur mit in Urlaubsorten. Denn die Gäste haben ja ihren Fernseher nicht immer mit - ich bin allein so schrecklich hilflos, dazu völlig unpraktisch veranlagt. Das aus dem Koffer leben ist für mich immer eine Plage. Darum bin ich froh, wenn Gilda dabei ist und mich umsorgt."

Heinz Erhardt hat während seines ganzen Lebens abgesehen von seinem Beruf auf der Bühne nicht.

Selbst beim Militär stand der beliebte Humorist auf den sogenannten Brettern, die die Welt bedeuten sollten. Es hatte sich herumgesprochen. Daß er mit „La Jana" auf Tournee gewesen war; und nun sollte er mit seinen Späßchen helfen, den Soldaten den grauen Alltag ein wenig aufzuheitern. Heinz Erhardt tat es gern: sogar vor dem Oberst gab er Proben zum besten.

„Gibt es eine Eigenschaft, die Sie Ihrer Gattin gern abgewöhnen würden, Herr Erhardt?"

„Ja, ihre Pünktlichkeit. Wir sind immer so pünktlich, daß wir eine Stunde vor Abflug des Flugzeuges auf dem Flugplatz oder eine Stunde vor der Abfahrt des Zuges am Bahnsteig stehen. Auch wenn wir Besuch erwarten, dann sitzen wir schon Stunden vor der verabredeten Zeit gestiefelt und gespornt herum. Immer zu früh. Ja, das würde ich uns gern abgewöhnen, aber es geht nicht!"

Bitte lesen Sie im nächsten WOCHENEND: Die glückliche Ehe des Joachim Fuchsberger

In ihrem Haus in Hamburg-Wellingsbüttel fühlt sich die Familie Erhardt am wohlsten

So kennt und liebt das Publikum „seinen" Heinz Erhardt

Seit 33 Jahren ist das Ehepaar verheiratet. Bei ihm geht es immer lustig zu

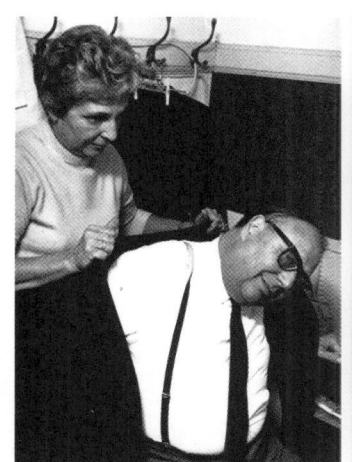

DIE 70ER-JAHRE – ES WAR ALLES IN ALLEM EIN SCHÖNES LEBEN

MARITA: 1970 begannen die Dreharbeiten für die vier „Willi-Filme". Den Anfang machte der Film **WAS IST DENN BLOSS MIT WILLI LOS?** Für meinen Vater nichts Neues, denn die Geschichte war eine Verfilmung des Theaterstücks „Das hat man nun davon".
Die Rolle des Willi Winzig hatte er über 500 Mal mit großem Erfolg auf die Bühnenbretter gelegt. Der Film kam bei der Kritik schlecht weg. An den Rand der Kritik schrieb mein Vater in seinem Album:
„Mein Film hat keine gute Presse, aber er läuft und das ist die Hauptsache. Übermorgen geht es nach Italien, um ein neues blödes Filmchen zu machen: **DAS KANN DOCH UNSEREN WILLI NICHT ERSCHÜTTERN.** Mir geht es seit Tagen schlecht. Herz und Kreislauf. Kein Wunder, ich habe mich furchtbar

über das Drehbuch aufgeregt. Nun habe ich es aber etwas bearbeitet und bin ruhiger. Mein armes Herzchen schlägt allerdings immer noch unregelmäßig, trotz Pillen."

Auch dieser Film kam bei der Kritik und meinem Vater nicht gut an: *"Leider ist dieser Film ein großer Mist. Mit wie viel Liebe habe ich ihn gedreht und wie viele gute Pointen sind mir dabei eingefallen. Und wie begeistert war der Verleih bei der Abnahme. Und nun das. Kaum ein Wort zu verstehen. Dafür verpufft alles. Eine miserable Synchronisation. Wie kann man bloß so etwas auf die Leute loslassen? Hoffentlich verschwindet der Film bald aus den Kinos."*

Das Publikum war jedoch ganz anderer Meinung und so erhielt mein Vater einen Vertrag über zwei weitere „Willi-Filme": **UNSER WILLI IST DER BESTE** und **WILLI WIRD DAS KIND SCHON SCHAUKELN**. In diesem Film spielte Uwe Seeler eine kleine, aber wichtige Rolle. Mein Vater war ein großer HSV-Fan und sah sich – wann immer er konnte – jedes Spiel an. Aber er konnte fast nie und so blieb sein Ehrenplatz im Stadion meist frei.

Sein vorletztes Erinnerungsalbum endet genau mit dem Jahr 1970. Er schließt es mit den Worten:
„Genau richtig: Dieser Band endet zum Jahresende! Heute, am 31.12.70, ist es sehr kalt und das greise Jahr ist schneeweiß geworden.
Wir werden das Baby 71 bei Gigi erwarten – nach der Silvestervorstellung in der ‚Komödie'.
Die Silvestervorstellung war großartig! Mit Bravorufen usw.! Bei Gigi waren Zip und ich bis halb zwei. Es war sehr lustig und Gigi hatte eine herrliche Bohnensuppe gekocht. So begannen auch wir ‚knallend' das Neue Jahr!"

Sein neues Album eröffnete Pappi ebenfalls mit einem Tagebucheintrag:
„Ich habe so eine Ahnung, dass dies mein letztes Album wird! Nun, ich habe genug gearbeitet und gelebt. Es war alles in allem ein schönes Leben. Weniger vielleicht für Zipchen und die Kinder, denn ein guter Mann und Vater war ich nie. Umso dankbarer bin ich meiner Familie, dass sie mich meine Schwächen nicht allzusehr merken ließ."
(7.1.71: ein schönes Datum!)

Vom 5. August bis 12. September 1971 gastierte mein Vater mit dem Stück „Mit besten Empfehlungen" in Berlin. Ein Besucher war Friedrich Luft, der bekannte Theaterkritiker, dessen markante Stimme im RIAS über den Sender ging:

„Eine Premiere im Hebbeltheater. Nur war das keine richtige Premiere. Es war ein Gastspiel. Heinz Erhardt ist mal wieder auf Tour und berührt bei dieser Klamotten- und Komikerreise auch Berlin. Er hat das Stück, wenn man überhaupt davon reden will, schon in Hamburg und anderwärts bis in die Puppen gespielt. Man geht auch hier vor Anker und macht sich die Popularität dieser fröhlichen Knallschote zunutze.

Bitte, liebe Hörer, hören Sie nichts Herablassendes oder gar Verächtliches aus meinen Worten. Denken Sie nicht, wir wollen uns, sozusagen, törichterweise dadurch erhöhen und unsere Intelligenz (ganz oder was wir dafür halten) herausstreichen, indem wir uns über eine Begabung und Theatererscheinung wie den emsigen Heinz Erhardt von vornherein überheblich mokieren.

Der Mann ist komisch. Er hat eine Art der Verquatschtheit, die jedes Mal streng vom Thema ab und in die Irre führt. Er knautscht an Worten und Begriffen herum. Er lässt die Rede plötzlich und auf dumme Weise vorsätzlich auf Stelzen gehen. Wenn ein Mann mit einem solchen Butterblumengesicht, wenn ein Mann mit einem solchen Mondkeks, so spricht, so ist das überraschend. Und weil es albern überraschen will und überrascht, ist das komisch, wird es albern. Und Albernheit, gut verkauft, kitzelt. Man lacht. Soll er machen, was er will: Wenn wir nur unter den Stühlen liegen. Soll er ruhig mit uns Schindluder treiben, wenn wir nur brüllen.

Soll er nur unser besseres theatralisches Gewissen gleich mit beiden Füßen treten; wenn er es fertigbringt, dass wir einmal alle Hochgestochenheit vergessen und auch nicht mehr die letzte Erinnerung an ein Theater als moralische Anstalt behalten, sondern uns von dem Dollbregen dort oben, von einer wirklich komisch ausgestatteten Figur, zum Ausschütten vor Lachen bringen lassen ..."

Ich – mal anders...
(Berlin, Mai 70)

Im Herbst 1971 endete die Tournee „Mit besten Empfehlungen." Doch mein Vater gönnte sich keine Ruhe. In sein letztes Album schrieb er: *„Ich fühle mich schlecht, unregelmäßiger Puls, Atemnot und zu hoher Blutdruck (210). Mein Kreislauf ist sehr labil, mal könnte ich Bäume ausreißen, mal möchte ich sterben."*

„Das Leben ist eigentlich nur eine kurze Unterbrechung des Totseins."

DER SCHLAGANFALL

VERENA: Am 10. Dezember 1971 schreckte mitten in der Nacht ein Martinshorn die Bewohner des Fasanenhains aus dem Schlaf.

Die Schlagzeile der Zeitung lautete:
Heinz Erhardt gelähmt – seit dem Wochenende kämpfen die Ärzte des Barmbeker Krankenhauses um sein Leben.

Mein Vater hatte einen Schlaganfall erlitten. Die Blutung im Gehirn hatte die rechte Körperhälfte gelähmt und das Sprachzentrum geschädigt. Mein Vater konnte zwar jedes Wort verstehen, aber nicht mehr richtig antworten.

Wenn er z. B. das Wort ‚Blume' sagen wollte, kam ‚Vase' heraus.

Er bemerkte den Fehler, konnte ihn aber nicht mehr korrigieren. Viele Menschen haben sich nach einem Schlaganfall relativ schnell wieder erholt. Mein Vater leider nicht.

Als er wieder zu Hause war, haben wir eine Art Zeichensprache entwickelt, weil wir seine Mimik und Gestik nicht richtig verstanden.

Wenn ich drüben bei meinen Eltern war und mich mit meiner Mutter unterhielt, haben wir immer versucht, ihn mit einzubeziehen. Manchmal wollte er uns etwas sagen, aber wir verstanden ihn nicht.

Einmal rief meine Mutter verzweifelt an: „Pappi will irgendetwas. Ich kriege es nicht raus. Kannst du nicht kommen?"

Mein Vater stand im Wohnzimmer, zeigte in sein Zimmer. Ich ging mit ihm in sein Zimmer, aber er war nicht zufrieden. Erst langsam merkte ich: Er hatte einfach Durst. Er wollte in die andere Richtung zeigen, in die Küche. Aber in seinem Kopf war es falsch geschaltet. Seitdem stand immer Wasser in seinem Zimmer.

Wir waren damals alle davon überzeugt, dass mein Vater wieder gesund werden würde. Nicht, dass er wieder auftreten könnte. Das musste er ja nicht – aber dass er wenigstens einigermaßen leben, wieder reden und schreiben kann, damit haben wir fest gerechnet. Er hat auch bis zum Gehtnichtmehr geübt. Es ist ihm nicht schwergefallen, mit links zu schreiben. Er war eigentlich mehr Linkshänder und konnte Vorlagen wie Buchwidmungen abschreiben. Aber von sich aus etwas formulieren, das schaffte er nicht.

In finanzieller Hinsicht hatten wir Glück. Mein Vater, der immer so sicher war, dass er vergessen wird, wenn er nicht auf einer Bühne zu sehen ist, hatte sich glücklicherweise geirrt. Seine Bücher und Schallplatten verkauften sich nach wie vor und sicherten das Einkommen meines Vaters und meiner Mutter. Kollegen kamen öfter zu Besuch und auch sein Manager Horst Klemmer, dem er September 1971 die Geschäfte übergeben hatte, kam einmal im Monat aus Oldenburg in den Fasanenweg. Er erhielt zahlreiche Briefe von Fans und das Fernsehen hielt die Erinnerung an ihn wach, indem es immer wieder Erhardt-Filme zeigte.

DER 70. GEBURTSTAG

VERENA: Zu seinem siebzigsten Geburtstag 1979 ließ sich das ZDF etwas Besonderes einfallen. Mein Vater hatte 1948 eine Opern-Persiflage geschrieben, die er „Zehn-Pfennig-Oper" nannte, weil sie dreimal so kurz war wie die „Drei Groschen Oper". Sie war am 10. Februar 1948 im NWDR uraufgeführt worden. Er hatte sowohl die Musik komponiert als auch den Text geschrieben und meinte, als sie zum ersten Mal aufgeführt worden war:

„Seriöse Musiker beglückwünschten mich zu diesem musikalischen Wurf; kritisierten jedoch, dass der Text, der gewiss ebenso wertvoll gewesen sein muss, kaum zu verstehen war.

Dabei kam es mir genau darauf an, zu einem albernen Text eine ernste Musik zu schreiben, um sehr komische Wirkungen zu erzielen."

Die Zehn-Pfennig-Oper wurde zu seinem siebzigsten Geburtstag noch mal produziert; in einer Bearbeitung von meinem Bruder Gero und meinem Mann Jürgen Haacker und im Februar im ZDF ausgestrahlt.

Die Familie feiert mit Heinz Erhardt seinen 70. Geburtstag

Ich bin der Ritter Geierblick,
ich bin es höchstpersönlich!
Mein Aug' ist blau, mein Schwert ist scharf,
an mir ist nichts gewöhnlich!

Ich kam hierher, um voller Takt
zu trinken und zu lieben,
doch davon ist noch nichts gesagt,
's kommt erst auf Seite sieben.

Ich bin der Ritter Geierblick,
voll Sanftmut und voll Güte;
dass ich mal tu, was sich nicht schickt,
das kommt nicht in die Tüte.

Dem Reichen nehm ich Geld und Blut,
hab manchen schon begraben,
den Armen aber bin ich gut,
weil die ja doch nichts haben!

Ich bin der Ritter Geierblick,
bin stolz, gerecht und mutig,
und nur wenn ich sehr wütend bin,
nur dann gerat in Wut ich!

Nach Heldentaten steht mein Sinn
und nach gewalt'gen Werken.
Dass ich ein bisschen blöde bin,
das ist fast nicht zu merken!

Es wurde ein Riesen-Spektakel. Alle seine Freunde waren dabei: Heinz Rühmann, Joachim Kulenkampff, Lilo Pulver, Ralf Wolter, Karl Dall, Walter Giller, Harald Juhnke, Heidi Kabel, Ilse Werner, Gert Fröbe, Inge Meysel, Freddy Quinn, Georg Thomalla, Grit Böttger, Loriot, Helga Feddersen, Gitte und Chris Howland.
Rudolf Schock übernahm die Rolle des Geierblick. Den Ritter Kunibert spielte Benno Kusche und Margit Schramm sang als Clothilde u. a. die wunderschöne Arie:

Ich hab ein Bad genommen,
das ist mir nicht gut bekommen,
das Wasser war zu kalt
brrr, brrr, brrr,
das Wasser war zu kalt.
Da dieses meinem Teinte
bedeutend schaden könnte,
bad ich nicht mehr so bald –
brrr, brrr, brrr,
ich bad nicht mehr so bald.

Die „Zehn-Pfennig-Oper" spielt auf einer Ritterburg: Ritter Kunibert ist mit dem Verzehr von Alkohol beschäftigt und rückt mit seinen Mannen aus, um die Karawane des Spediteurs Meier zu überfallen. Unterdessen vergnügt sich Kuniberts Weib Clothilde mit dem edlen Ritter Geierblick. Sie werden bei der Heimkehr in flagranti erwischt. Es kommt zum Duell und am Schluss sind alle tot.

Geierblick:
Weh mir, ich fühle mich getroffen,
der Bube traf mich, ich gesteh es offen.
Ich werd' mich jetzt verfärben
und sterben – bye-bye.
Mannen: Nun liegt er da, der Gute
und schwimmt in seinem Blute
uh, ah, uh, in seinem Blute, ...

DAS ENDE

In der Nacht zum 5. Juni 1979 starb unser geliebter Vater Heinz Erhardt.

*Der Tag geht nun zur Neige
und leise kommt die Nacht.
Ich danke dir für alles,
was du für mich gemacht.*

*Du hast mich stets getröstet,
wenn mir was nicht geglückt
und hast so oft aus Liebe
ein Auge zugedrückt.*

*Jetzt geht mein Weg zu Ende.
Und leg ich mich zur Ruh,
so falte meine Hände,
und dann nimm deine Hände:
Drück beide Augen zu ...*

Wir, seine Kinder, glauben, dass er dieses Gedicht für unsere Mutter, sein geliebtes Zipchen, geschrieben hat, die ihn um acht Jahre überlebte.

*Du warst ein Musiker und Dichter,
ein Maler und Kaninchenzüchter –
doch trotzdem war's dir nicht gegeben,
den eignen Tod zu überleben.
Wir wollen nur das eine hoffen:
Du hast es oben gut getroffen.*

DANKSAGUNG

Besonderer Dank geht an unsere Schwester **Grit Berthold**.

DIE AUTOREN

Heinz Erhardt, im Jahre 1909 n. Chr. in Riga geboren. Von 1919 bis 1924 in Hannover und in der Wennigser Mark am Deister gelebt. Schulbesuch wenig erfolgreich. Von 1924 bis 1926 wieder in Riga. Auch dort in der Schule kein Fortkommen. Ich machte, dass ich fortkam. Von 1926 bis 1928 Musikstudium in Leipzig und Volontär in einem Musikgeschäft. Von 1928 bis 1938 Noten- und Klavierverkäufer in Riga in Großpapas Geschärt. Große Pleite. Von 1938 bis 1979 Humorist, Kabarettist, Schauspieler, Chansonnier, Schriftsteller, Dichter, Komponist, Ehemann, Vater und Großvater.

Verena Haacker, zweites Kind von Gilda und Heinz Erhardt, geboren 1940, gelernte Kosmetikerin, lebt mit ihrem Mann Jürgen Haacker in Hamburg. Zusammen mit ihren beiden Schwestern Grit Berthold und Marita Malicke veröffentlichte sie im Jahr 2000 die Erinnerungen an Heinz Erhardt in dem Buch „Heinz Erhardt privat" (erschienen im Fackelträger Verlag, 2000).

Marita Malicke, viertes und jüngstes Kind von Gilda und Heinz Erhardt, geboren 1944, lebt in Brackenheim. Sie war Arzthelferin, bevor sie 1998 nach Berlin zog, um dort bis 2010 künstlerische Veranstaltungen zu organisieren und sich um das musikalische Erbe ihres Vaters zu kümmern. Sie sorgte für die Veröffentlichung der klassischen Klavierkompositionen Heinz Erhardts und veröffentlichte mit ihren Schwestern „Heinz Erhardt privat". Es folgte das Kochbuch „Nichts ist so appetitanregend wie der ärztliche Rat, weniger zu essen", in dem Künstler zu Wort kommen, die mit Heinz Erhardt auf der Bühne standen. 2010 wurde sie mit der *Goldenen Musikantennadel* ausgezeichnet.

HEINZ ERHARDT
ILLUSTRIERTE BÜCHER UND KALENDER

978-3-3803-3498-9

978-3-3803-3499-6

978-3-3803-6374-3

978-3-3803-3497-2

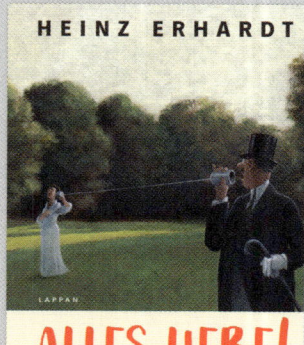

978-3-3803-3496-5

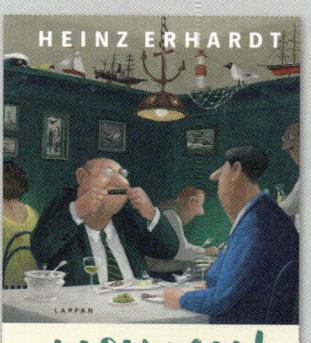

978-3-3803-3519-1

Bücher und Kalender,
die Spaß bringen!

FOLGT UNS! facebook.com/lappanverlag
Instagram.com/lappanverlag
www.lappan.de

978-3-8303-6395-8

978-3-8303-3630-3

978-3-8303-6381-1

978-3-8303-3547-4

978-3-8303-3646-4

978-3-8303-3405-7

ISBN 978-3-8303-2071-5

HEINZ ERHARDT KALENDER — JEDES JAHR NEU!

ISBN 978-3-8303-2070-8

978-3-8303-3623-5

WWW.LAPPAN.DE

Quellenverzeichnis Heinz Erhardt – Mein Leben

Abbildungen – wenn nicht gesondert erwähnt – aus: Heinz Erhardt: Privatalben 1 bis 19 (1947 bis 1971)

Abbildungen auf Seite 32 aus: Rainer Berg, Norbert Klugmann: *Heinz Erhardt, die Biografie*, Lappan Verlag 2009

Abbildung Seite 82 rechts und 91 links: Stiftung Deutsche Kinemathek

Abbildung Seite 89 rechts: Christian Unucka (Verlag für Filmschriften)

Abbildungen Seite 147: Zitty-Verlag

Abbildungen Seiten 164 und 165: Manfred Hobsch-Archiv

Gedichte aus: Heinz Erhardt: *Der große Heinz Erhardt*, Lappan Verlag 2022

3. Auflage 2023
– Originalausgabe –
© 2022 Lappan Verlag in der Carlsen Verlag GmbH,
Völckersstraße 14–20, 22765 Hamburg

ISBN 978-3-8303-3644-0

Alle Rechte vorbehalten. Das Werk darf – auch teilweise –
nur mit Genehmigung des Verlags wiedergegeben werden

Texte: Heinz Erhardt, Verena Haacker, Marita Malicke
Redaktion und Lektorat: Antje Haubner
Bildredaktion, Grafik und Herstellung: Monika Swirski
Covergestaltung: Monika Swirski

FOLGT UNS! facebook.com/lappanverlag
Instagram.com/lappanverlag
www.lappan.de